결과 결 사이

결과 결 사이

초판 인쇄 2025년 12월 01일
초판 발행 2025년 12월 20일

저　　자　윤연옥
발 행 인　최한묵
발 행 처　도서출판 미소
등　　록　2013년 1월 24일 제 2013-000002

주　　소　인천광역시 미추홀구 토금남로 84, 203호
전　　화　032-887-3454
팩　　스　032-887-3455

ISBN 9779-11-94663-11-9

값 15,000원

※ 잘못 만들어진 책은 교환해 드립니다.
※ 저자와 출판사의 허락 없이 책의 전부 또는 일부 내용을 사용할 수 없습니다.

☐ 본 도서는 한국예술인복지재단의 지원사업으로 선정되어 일부를 지원 받아
　 제작되었습니다.

결과 결 사이

윤연옥 수필집

미소

작가의 말

6년마다 수필집을 펴내고 있다. 우연 아니라면 필연이겠다.
올해가 그 해로 다섯 번째 수필집이다.
필자에겐 유난히 변화무쌍한 몇 년이었다.
그 변화가 『결과 결 사이』를 낳게 한 것이라고
어젯밤 꿈에 찰스 램이 알려주었다.
일상의 결이기도 하다.

그동안 최선을 다해 함께한 문우들과 힘이 되어준 가족에게
고마운 마음 전하고 싶다.

2025년 늦가을
갈대가 사는 마을에서
윤연옥 (수필가, 시인)

차례

작가의 말   5

1부 창밖의 무언극

시소 옆 쥐똥나무   14
창밖의 무언극   17
길 위의 노부부   21
양귀비꽃 한 송이   25
화장실 강의   29
결과 결 사이   33
호야 꽃을 기다리다   37
마르셀 뒤샹이 말하다   41

2부 다시 저녁 여섯 시

다시 저녁 여섯 시   46
공기를 품다   50
물 한 모금   54
줄을 풀다   58
줄을 연결하다   62
다리가 되다   66
컵라면 앞에 두고   70
휠체어 단상   74

3부 꽃밥 먹다

죽과 밥 사이　　80

꽃밥 먹다　　84

커피와 녹차 사이　　88

데칼코마니로 보이다　　92

오아시스 같은 친구들　　96

그물에 걸리지 않는 꽃　　100

빈둥지증후군　　105

수필을 짓다　　108

4부 어머니의 발톱

그날의 화장품　114

어머니의 발톱　118

재봉틀이 하는 말　122

나의 랍비　126

문신 선물　130

커튼콜 받는 날　134

시가 되고 싶다　137

새해를 마중하다　140

5부 무늬를 기억하다

우아하게　144
나의 대체 대상　148
내시경 후일담　152
무늬를 기억하다　156
미완성의 그림　160
마법의 여인　164
우산과 양산　168
두 채의 등대　172

6부 상처를 사랑하다

사돈 나무 178

미나리꽝을 지나다 182

상처를 사랑하다 186

실뜨기 189

꽃받침 예찬 193

나팔꽃 부부 197

기다리는 남자 201

틈새를 보다 205

1부
창밖의 무언극

시소 옆 쥐똥나무

창밖의 무언극

길 위의 노부부

양귀비꽃 한 송이

화장실 강의

결과 결 사이

호야 꽃을 기다리다

마르셀 뒤샹이 말하다

시소 옆 쥐똥나무

친구와 동심으로 시소를 탄다. 내가 내려가면 친구가 올라가고 그가 내려가면 내가 올라간다. 가벼워서 올라갔다기보다 상대방이 나를 올려주고 추켜 주었겠다. 아무리 발을 굴러도 혼자서는 안 되는 것이 시소 타기이므로 협동심이 필요하다. 엇박자로 발을 구르면 한 번은 내가 내려가고 한 번은 상대방이 내려간다. 남을 올려주려는 시소 타기는 사람 사는 선한 이치와 같다.

이사 오기 전 무렵이다. 높은 곳이 전망은 좋지만 낮은 곳으로 내려가라는 어머니의 당부이기도 하여 택한 집이 저층이다. 사람은 낮은 곳에 살아야한다고 항시 종용하였으니까. 비단 예측 못할 위험 때문만은 아니다. 어머니의 오래된 종교 탓도 있지만 아이들을 의식한 집 앞의 놀이터도 염두에 두었겠다. 하곤 시소 타기의 낮은 자리조차 가볍게 여기지 않았다고 짐작한다.

항상 들러리만 서는 낮은 쥐똥나무까지 눈여겨보던 어머니다. 깊은 뜻에 자식을 향한 염려가 포함돼 있으니 사는 날의 겸허이자 모정이다. 떨어질 염려를 하지 않아도 되므로 마음 편한 자리이다. 육신은 안전하게, 튀는 마음은 낮음에 두는 조용한 바람이리라.

시소에 앉아보면, 멋진 이름이나 유명한 자리가 아니어도 낮은 곳에서 욕심 없이 살아가는 쥐똥나무가 예사롭지 않다. 그 단정한 쥐똥나무와 야트막하게 눈높이를 같이 하면, 가끔 자기가 깔고 앉은 자리에서 어깨 으스대며 목 세우는 이들과 비교 된다.

내가 올려놓은 사람이 나를 올려놓고 내가 내려놓은 사람이 나를 내려놓는 것이 자세히 보인 것은, 첫 아이의 엄마가 되고나서 놀이터에서이다. 남보다 영악하지 못하고 강하지 못해 세상 살아가는 법에 서툰 나는 앞에 나서길 좋아하지 않는다. 내 의지와는 상관없이 나의 입지가 올라갈 때가 있다. 그 올려진 것에서 적응하려면 쉽지 않지만 주어진 것을 해내려니 모자람이 많아 마음을 앓는다. 맞지 않는 자리, 혼자 시소를 타듯 내려갈 수밖에 없다. 낮은 자리에서 상대를 올리는 입장이 마음 편한 것은, 부담 없는 자리 덕일 것이다.

접시 하나 찻잔 하나를 놓더라도 자리를 보아 놓는 것은 나만이 아니지 싶다. 얇은 그릇이 그렇거늘 사람에 있어서야 말할 필요 없다. 많지 않은 단어로 살기에 말씨름은 피하는 편이다. 혹 무관심을 낮음이라고 착각하진 않았는지 불연속성의 실수는 아닐까 싶다.

차근차근 올라가 내려다보는 눈앞은 진솔하고 아름답다. 하여, 바라보는 것에도 안목이 트여갈 것이다. 시소의 덕이다. 둘이 타니 하나의 덕이 되고, 남을 올려주므로 두 번째 덕이고, 올려주면 다시 올라갈 기회가 있으므로 세 번째 덕이다. 덕의 고마움을 안다면 샤○ 향수를 쓰지 않아도 향기는 기본이니 네 번째 덕이 되겠다.

내 언제 누군가를 올려준 적이 있는지도 짚어본다. 나를 비롯해 누구를 막론하고 올라가면 떨어질까를 두려워해야 마땅하다. 어쩌다 발 구르기를 했는데 쥐똥나무와 눈을 맞추고 있다. 이름과 열매, 무엇 하나 우아하지 못하고 하늘에 오르겠다고 우러러본 적 없다. 잘못 튄 탁구공처럼 선을 넘는 실수도 하지 않는 나무, 관심으로 마음 안에 심어둔다.

나지막하게 다듬어진 높이로 놀이터 울타리가 되어주는 포용력이 있다. 인공위성이 우주의 여행자라면 그 나무는 놀이터의 보호자이다. 강아지나 어린아이, 한 마을 노인의 눈에도 편안한 나무다. 내 눈 높이 역시 소박한 쥐똥나무까지라고 놀이터에서 확인하는 날, 혼자 타는 시소에서 많은 것을 내려놓는 비우기가 있다.

불교의 경전, 법구경이 따로 없다고 환청으로 들려온다. 바람결이다.

창밖의 무언극

 커튼의 그림자를 바라본다. 밧줄 타고 내려와 유리창 청소를 하는 사람이다. 대화는 없고 움직임만 나타내는 모습, 어느새 나는 '팬터마임'을 감상하는 관객이 되어있다. 갑자기 문화인이 된 듯 감성 좋은 날이다.
 인간으로 살기가 만만치 않지만 그림자로 살아가기도 쉽지 않다면 지나친 상상이리라. 하나, 상식이 상상을 따르지 못한다고 했겠다. 눈물과 웃음까지 그늘 속에 묻어야 하는 존재 같아서 그 속은 어떨까 헤집어 본다. 햇살 위로 걷다가 그늘 속에선 존재 없는 그림자의 운명으로 불평 한 마디 없는 사람 같다. 남의 뒤에 누워 소리 없이 따라다니며 어두운 그늘로 살기를 마다하지 않는다. 예사롭지 않은 나의 관심사로 연극인을 발견하고 촉을 모은다.
 하얀 피를 흘리는 곤충들이 있다면 그림자는 까만 혈을 흘릴 듯 남의 그늘로만 살아간다. 그 모습 희생적이다. 모든 사물과 생명의 동물을 따라다니며 확인시켜주는 말없는 말의 그림자이다. 있다면 거기서 일인 무언극이 태어났다고 직감한다. 그 연극 안에는 하고 싶은 말이나 사랑과 아픔과 이별이나 문화가 농축되었겠다. 하여 그림자와 무언극은 닮아있다고 여긴다. 어쩌면 하고 싶은 말, 안 하는 누군가가, 무언극을 무대에 올렸을 것이고 그것이 원조가 되었으리라.

정순왕후는 팔십이 넘도록 비운에 간 단종을 잊지 못하였다. 끊을 수 없는 환경의 고통 속에서 살아낸다는 것은 형벌 이상이었을 테다. 사랑이 깊어 아픔도 컸을 터, 왕후는 단종의 그림자로만 지내야 했으리라. 고뇌와 화병에 '불로 불을 끄는 건 위험해서*', 몸으로 말하고 몸으로 고통을 이겨내야 하는 운명이었지 싶다. 시대는 달라도 그 절절함에 예술이 필요했다면 무언극이라 말하고 싶다.

'팬터마임'을 처음 접한 곳은 오래전 남편의 모교 축제에서이다. 말 한마디 없는 일인극을 함께 감상하며 신비감까지 들던 날이다. 몸짓의 민감성에서 느끼는 감정까지 세세한 해설을 접하게 되었던 예술이다. 그날로부터 나는 무언극을 따라 다녔겠다. 마치 거위가 알에서 나와 처음 만난 상대를 부모로 알고 따라다닌다는 각인 효과가 따로 없지 싶다.

낮의 그림자는 화창하다 못해 고요한 한낮을 떠올리게 한다. 그 소리 없는 외침이 있다면 말없는 말도 있다. 무언극의 시작은 그림자라 해도 잘못된 비유는 아니라고 본다.

밧줄 하나에 매달린 청소부의 노동은, 한낮에 댓돌 앞에서 졸고 있던 고양이의 파리 쫓는 모습이 아니다. 세상의 모든 시끄러움이나 상처쯤은 그 안에 묻어두었겠다. 사람이 살기를 일인 마임 같이만 한다면야 서로 눈 돌릴 일은 없을 터이다.

입은 있으나 언어는 없고 '몸짓 분석'에 이르기까지 땀 없는 예술은 있을 수 없다. 내게는 한 편의 연극이기에 기꺼이 그 무대의 관객이 되기를 자청한 것이다. 유리창에 매달린 배우는 생존의 방법이라고 역정 낼 수도 있겠으나 내게는 가장 깊이 있는 무대이기에 호응을 한다.

때로는 보이는 것보다 보이지 않는 것이 아름다울 때가 있다고 하듯, 들리는 말보다 표현하지 않는 말이 고울 때가 있다. 진실이거나 아니거나 '이스트'처럼 부풀리지 않아서 무언극 예술로 태어났다고 다시 인정한다.

'마임은 기록이 남지 않는 예술'이라고 오래전 해설가는 분명히 밝혀두었으나 지금은 다르다. 허락 된다면 영상으로 남길 수 있기에 편리한 문화시대를 누리고 있다.

내 안에 말을 가두자, 말 없는 말이 무언극으로 태어났다면 모순어법이라 하겠다. 그 극에는 대사가 없어 몸짓으로 읽어나가는 섬세한 책이라해도 무방하다. 진솔한 글로 표현하는 수필에는 형식이 있고, 말에는 예의가 있고 무언극에는 혼신을 다하는 몸부림 이상의 예술이 있다.

'교도소에서 G선 한 줄로 연주를 했다는 파가니니'가 있다. 하나, 팬터마임의 배우는 하나의 선마저도 가질 수 없어, 맨몸만으로 선의 강약까지 드러낸다. 몸으로 하는 마임이나, 한 줄 선으로 연주하는 음악이나 예술가의 정신력은 영혼을 넘나든다.

　다시 그림자를 올려다본다. 그는 그냥 청소부가 아니다. 정화될 수 있는 점은 고쳐가라는 '메시지'를 전하러 온 예술의 신이자 태양의 신, 아폴로이지 싶다. 햇살이 없으면 나타낼 수 없는 커튼의 작품이니까. 세상 다시 살 수만 있다면, 말 안 해도 자기 고백이 되는 '팬터마임' 연극인으로 살고 싶다.

* 불로 불을 끄는 건 위험해서 - 영화 「테넷」에서 인용.

길 위의 노부부

성묘길이다. 잘 닦인 도로 옆 정류장에 내려서 천천히 걷는다. 사찰 아래 정토원을 눈앞에 두고 생각은 경건하다. 둘이 가던 성묘 길을 혼자 걷고 있다. 예전과 달리, 그 언덕길이 길기도 하다. 집에서 멀지 않은 곳이기에 자주 가는 명상의 길이기도 하다.

그때이다. 내 뒤를 따라 내린 어느 노부부의 모습에 넋을 잃고 만다. 나의 시선은 그 부부의 등 뒤로 옮겨간다. 바깥노인은 그야말로 구척이다. 아흔 중반쯤의 노신사 얼굴에는 최선을 다해 살아온 날들이 기록되었지 싶다. 안노인 역시 곱게 늙어 눈길이 자주 간다. 두 부부가 젊은 시절에는 소문난 선남선녀였으리라. 두 손 꼭 잡고 나의 앞을 걷는 노부부의 모습이 아름다워 눈을 뗄 수가 없다. 비록 걸음걸이는 한 걸음씩 옮길 때마다 풀잎 위 이슬 같지만 그 걸음에 조심스레 살아온 날들이 담겨있다.

두 어르신의 뒤를 따라 걸으며 부러운 속내를 감추기 어렵다. 노부부는 옆으로 돌아, 건물 옆 작은 회양목 앞에 멈춰 선다. 바깥노인은 안노인의 가방에서 무언가를 찾는 중이다. 나는 삼각지대 안에서 길 건널 생각조차 못하고 바라본다. 바깥노인은 손수건을 찾으셨나보다. 그 손수건으로 안노인의 얼굴에 내린 이슬비를 닦는 모습이 영화의 한 장면이다. 어디 얼굴뿐인가, 살아온 날들의 고단한 여정을 지워내는 모습이다. 나는 안 보는 척 연거푸 돌아다본다. 탄성이 절로 나오는 것은 이미 완성된 그림이라서이다.

어느 지인의 한마디가 내게 끼어든다. 미운 점만 생각하면 빨리 잊을 수 있다는 말이다. 남편이라고 해서 아내의 모든 것이 곱기만 했을까 싶다. 어쩌면 남편도 나를 잊으려고 마음에 안 드는 점, 한두 가지는 기억하고 있을지도 모른다. 부부에게만 주어지는 특권의 정, 하여 절반이라 표현 했겠다. 그 반의 책임은 내게도 있을 터이다.

정토원에서 내려다보면 앞은 탁 트인 아름다운 바다였지 싶다. 요즘은 내가 아니라 그 전망이 오히려 말을 걸어온다. 앞과 달리, 풍광 좋은 성묘길은 지그재그 언덕길이다. 그날그날 내 마음의 상태에 따라 느낌도 동화적으로 변할 때가 있다. 길옆의 울타리 안에는 유월 장미가 다른 의미를 하나 더 얹어 붉게 이어진다. 내 살아온 날에도 화려한 꽃만 만개한 것은 아니겠다. 가시와 꽃들 함께 피어있는 길이, 그 날들을 대신 말해주는 듯

하다.

추모관에 들어서고 오래전 세상 떠난 부모 앞에서 예의를 갖춘다. 어쩔 수 없이 유명을 달리한 아들의 비보도 전해야만 하는 상황이다. 부모의 나란한 유골함과 오래된 사진이 오늘따라 더 아리다. 죽음도 삶의 연속이라고 했겠다. 남은 사람을 위한 말이지 싶다.

아까의 노부부는 어디쯤 가셨을까 싶어, 손바닥 차양으로 내려다본다. 저 멀리 노을 따라 걷는 모습은 한 쌍의 나비 같다. 그 나비의 곡선을 두고, 마지막 나들이가 아니길 바라는 마음 간절하다. 나비로 비유하면서 마지막 춤이 아니길 염원하는 것이다. 꺼질듯 아스라한 춤이지만 이 또한 한 폭의 그림이다.

부모님과 길 위의 노부부를 만나고는 착잡한 마음에 울컥거린다. 내 설움이겠다. 두 손 꼭 잡고, 절대 혼자 가게 두지 않으리라는 이슬비 속의 두 노인이다. 그 모습은 움직이는 유산이나 다름없다. 다시 태어난다면 저렇게 곱게 살고 싶으나 이룰 수 없는 나의 바람이다.

내 떠나버린 짝꿍도 나 없이는 저 세상에 홀로 들지 못할까 싶다. 미완성의 그림을 들고 혹 나를 기다려줄까 싶기도 하다. 모를 일이기에 곱게 달래어 보내야 할 인연이라 치부한다. 남은 사람이 지나치게 슬퍼하면 떠난 사람은 구천을 떠돈다는 말, 산 사람을 위로하는 말이겠다.

처음이자 마지막으로 만난 슬프리만치 아름다운 노부부의 소풍 길. 완성된 그림 위에 '서명'만 남은 것이다.

하나, 내겐 혼자로는 완성할 수 없는 작품이기에, 우리 부부의 그림엔 마지막 서명조차 남길 수 없기에 죄스럽기도 하다. 하지만 다 좋을 수는 없는 것. 이만큼 살아왔으면 잘 살았지 싶기도 하다.

성묘 길에 언덕만 있지는 않았을 터이다. 돌아오는 내리막길, 후회의 속도에 가속도가 붙는다. 오락가락하던 이슬비는 흔들리는 구절초에 생기를 부어준다. 부모 같은 두 어르신은 길 위에서 고결한 그림자로 멀어지는 중이다.

이슬비는 내 안에서도 내린다. 우리는 왜 노부부처럼 오래도록 함께 살지 못했을까. 한 걸음 두 걸음 간절한 나의 기도가 실린다.

양귀비꽃 한 송이

어린 시절의 마을 끝, 작은 삼각형 밭을 떠올린다. 그 밭에는 해마다 꽃이 심어졌고 나중에야 양귀비라고 알게 된다. 꽃밭 주인이던 안노인은 언제나 병약했지 싶다.

어느 날이다. 한 마을에 사는 동갑내기 남자아이와 바가지우물에 놀러 갔는데 그 옆이 양귀비 꽃밭이다. 마침 양귀비꽃이 만개하여 환상적인 풍경이 눈앞 가득 펼쳐진 것이다. 어린 친구는 망설임 없이 작은 삼각형 밭에 뛰어들어 활짝 핀 꽃만 순간에 꺾어든다. 그 아이가 선택한 꽃은 팔로 한 아름 정도이다. 나는 어리둥절하여 밭머리에 서서 지켜만 본다.

꽃을 끌어안고 앞에 가는 친구 따라 집으로 가는 길이다. 일몰이 기역자로 꺾여 산등성이로 넘어 갈 무렵, 집에 거의 당도할 때이다. 앞집의 양귀비 밭 안노인과 마주치고 만다. 노인은 노한 얼굴로 소리치며 작대기 들고 친구를 쫓아가신다. 겁먹은 나도 상형문자 같은 마을 골목으로 숨어

버리고 가슴은 끓는 풀 냄비처럼 '풀더덕'거린다. 집에 들어가지 못하고 큰 오동나무 뒤에 쪼인 닭처럼 쪼그리고 앉았을 때이다. 어머니가 나를 찾아다니다 발견하고 덥석 안아 올린다. 참았던 눈물이 봇물 터지듯 넘친다. 나는 그날, 먹지 않은 양귀비 치사량을 넘기고 지레 겁에 질려 질식사할 뻔했겠다. 지울 수 없는 일화이다.

그날 밤 꿈길에 노인을 만나고 진저리치던 무서운 꿈은 아직도 또렷하다. 앞집 노인이 꿈속에서 허연 한복을 입고 옷고름 휘날리며 쫓아다니던 모습이 두렵다. 그 자리에서 손목 잡혀 끌려가는데 어디쯤인가에서 어르신은 보이지 않는다. 나는 슬리퍼 끄는 소리로 숨을 몰아쉬며 털썩 주저앉고 만다. 수수깡 어지러운 땅바닥이다. 그날 평생 꾸어야 할 꿈을 하룻밤에 다 꾸어서일까, 지금은 꿈이 없다.

돌이켜보면 친구는 그날 꽃밭에서 마시멜로를 보았지 싶다. '눈앞의 마시멜로에 만족한 아이보다는, 한 순간의 유혹을 참고 기다렸던 아이들이 성공적으로 성장한다.'는 글귀가 나의 뇌리에 남아있다.

그 친구, 눈으로 먹는 꽃 맛이 마시멜로처럼 부드럽고 달달했지 싶다. 사리분별 제대로 안 되는 어린 시절에 단순히 꽃이 예뻐 다가갔겠다. 그뿐이다.

빨래터 옆 밭은 그 뒤에도 몇 해 동안 양귀비 밭이었다고 알고 있다. 하나, 겁에 질려 가지 못하다 몇 년 뒤에야 가봤다고 기억된다.

어린 친구가 무작위로 꺾어 든 양귀비는 요즘의 화초 양귀비가 아니라

진통제로 사용하는 마약성의 꽃이다. 이 시대엔 진짜 양귀비 재배가 불법이다. 하지만 약이 귀한 그때는 환자의 약으로 사용하기 위해 씨를 놓아도 무방했다고 알고 있다.

그 친구, 양귀비 보기만 해도 꽃과 향기에 끌렸겠다. 어린 나이에 예쁜 꽃에 반했을 뿐이나 어처구니없는 일이긴 하다.

살다가 병마 앞에 놓이는 날 올 수도 있다. 하면, 지금의 화초 양귀비로 대체 하라는 꽃의 여신 플로라의 허락은 아닐 텐데 변종된 꽃이 진짜 양귀비 뺨치게 화려하다. 지금은 어디 가나 화초 양귀비가 지천이고, 아름답기로 유명하여 사랑 받기에 충분하다. 얼마나 고왔으면 약 성분 빼내고 '하늘하늘' 꽃으로만 즐기게 했을지, 매력 있는 꽃이다.

내게서도 안 좋은 것은 제외시키고 좋은 점만 남길 수 있다면 어떨까하는 상상을 해본다.

친구가 몇 개월 전, 세상을 떠났다고 전해 듣는다. 그동안 유대관계 없이 성장했기에 떠난 사유는 알 수 없다. 혹시 환자였다면, 요즘 화초 양귀비라도 한 다발 선물했으면 하는 아쉬움 크다. 믿어지지 않는 이별이다. 내겐 양귀비에 관한 강한 일화를 남겨주고 조용히 스러진 친구다.

떠나간 친구는 그동안 소식 없이 살았어도 꽃 같은 지난날을 안겨주었기에 가끔씩 돌아본다. 나의 내면에 양귀비꽃을 밭 한 떼기로 주고 쫓기던 어린 친구와의 지난날을 소환하는 것이다. 많고 많은 꽃 중에 하필이면 양귀비꽃이었을까도 생각하게 된다.

그날 이후로 꽃 양귀비는 우체국 앞에서, 농산물센터 화단에서 수시로 휘파람인 듯 나를 부른다. 영원히 지워지지 않는 꽃을 가슴에 담으며 겸허하게 받아들인다.

그날의 친구가 자기 마시멜로는 그 자리에서 헐어 나누어 주고 내 것은 오늘을 위해 온전히 남겨둔 게 아닐까 싶다. 진통제 양귀비가 사라지듯 친구는 가고 없다. 하나, 그 친구 내 안에 두 벌 꽃으로 피어 활자로 살아난다면 이기심은 아닐까 조심스럽다.

그날의 친구 지금 어디쯤에서 쉬고 있을지 명복을 빌며, 하얀 꽃 양귀비 한 송이 영전에 바친다.

화장실 강의

 세균 환자는 일 인실에 입원하게 되는 상황이다. 간호병실이 없다하여 내가 남편 간호를 맡게 된다.
 코로나 시기라 줌으로 문학 강의를 듣던 때이다. 어쩔 수 없이 칠판이나 창문조차 없는 입원실 화장실은 가끔 강의실이 된다. 의자만 놓였으니 무릎이 책상이 되는 협소한 장소, 그나마 감지덕지다.
 병실을 드나드는 의료진과 간호조무사와 청소부 그 외의 사람들이 매번 일회용 옥색 가운과 장갑을 착복했다간 벗어버리고 다시 새로 입고서 들고난다.
 하여 화장실을 공부 장소로 택한 것이다. 한마디씩 인사를 나누던 사람들의 목소리가 강의 듣는 해우소로 스며든다.
 사람 좋은 청소부의 목소리는 쾌활하다. 미안하지만 가장 먼저 그 중년 여인의 생활이 내게 다가와 영감을 주었겠다. 식사 했느냐는 내 한마디에

선뜻 누군가가 떠난 입원실에서 나왔을 남은 화장지를 선물로 준다. 그녀가 베푸는 둥그런 마음이 고맙다.

한 간호사는, 주사 꽂는 실력 최고라는 남편의 한마디에 고맙다며 보랏빛 볼펜 한 자루를 선뜻 주고 간다. 우리는 볼펜 하나로 함께 파안대소를 불러낸다. 동향의 아침, 마른국수발 같은 햇살을 받은 입원실은 더욱 온도가 오르기에 커튼을 내린다. 다들 나름대로 친절을 담아 새벽부터 부지런히 살아가는 모습은 나를 반성하게 만든다. 내 언제 저토록 치열하게 살아본 적 있었을까 싶어서이다.

어느 친구가 한마디씩 내게 띄워 보낸다. 간호하며, 살림하며 나름대로 자기 일을 활자로 남기며 산다는 거 쉬운 일 아니라며 추어준다. 쑥스러운 한편 고마운 말이기도 하다.

마음 나누기는 화장지와 볼펜만이 아니다. 그 볼펜으로 할 일 하라는 '메시지'가 담겨온 것이겠다. 쓰고 지우며, 잘못 쏟아진 물은 닦으며, 살아온 날을 돌아보고 감사하며 못 다한 꿈을 이루라는 뜻이리라. 억지가 아니다. 내리막길에 조금은 남았을 희망들, '줌' 속의 강의에서 찾으며 나아가는 날들이다.

화장실의 노트북에서는 어느 교수의 열정적인 강의가 내게 활기를 갖게 한다. 조금은 민망한 상황이라 송구스럽기도 하다. 하여 딴엔 예의를 차린답시고 내 뒤의 배경이 안 보이도록 잠깐 비디오만 꺼둔다. 나 또한 꺼진 비디오처럼 잠시 숨을 고르는 시간이 될 수도 있다. 화장실에서의 공부, 어찌 생각하면 유별난 일이기도 하다만 강의 앞에서 화장실이면 어떻고 병실이면 어떠랴 싶다. 공간과 장소를 탓하지 않는 것이다. 화장실 독서도 있으니 줌 강의는 나의 탈출구가 되는 한편 재미있는 일이기도 하다. 민들레가, 진달래가 똥오줌 가리며 피어나지 않는다. 내가 책상에 앉아 공부할 운 아니라면 화장실이라도 달게 받아야 한다고 엄살 아닌 엄살을 부려본다.

옛 일화가 떠오른다. 아이를 많이 생산하던 지난날 어느 어머니는 뒷간에 큰 거 보러 갔다가 아이를 낳아 치마폭에 싸안고 왔다는 일화가 있다. 쉽게 낳았다고는 하나 결코 쉽지 않았을 참을성과 또 하나의 고통을 역으로 말하는 것이다. 작품도 아이 낳는 고통과 견준다. 물론 창작이 쉽지 않기에 산고와 비유하는 것이겠다.

내 언제까지 두 가지 글을 함께 할 수 있을지 모르겠으나 여러 가지 '장르'를 함께하는 문인이 많다고 알고 있다. 자기가 하는 일은 한 길로 가라고 했으나 야누스가 아니라도 사람이기에 변하지 말란 법은 없을 터이다. '사람은 누구나 양면을 가졌다고 했겠다. 사랑하면 그 둘을 다 사랑해야 한다는 말', 영화 「투어리스트」에서이다.

하여, 내가 하는 작업에 자주 다짐을 하는 것일 게다. 흔들림이나 고통 없는 일은 없을 테니까. 자신이 하는 일에 쉬운 것은 없을 테니까. 나의 일에는 주변을 가리지 않았나 보다. 파도나 바람에 앞서 강의의 깊이를 보았을 것이다.

두 환자를 곁에 두고 엎치락뒤치락하던 지난날들이다. 다시 다잡기를 몇 번인지 모른다. 싸움에는 자신과 싸우는 것이 가장 힘들다고 한다. 나와의 소리 없는 싸우기와 오늘의 상황에 따른 날들을 탈출구 삼아 나아간다.

숱한 입원실의 많은 노무자들은 거의 중년을 훨씬 넘긴 사람들이다. 이들의 명랑하고 활발한 근무가 수시로 나를 놀라게 만든다. 나이 탓은 뒤로 미루고 내가 하고 싶은 일은 해야 한다는 것을 고집한다. 거기서 보았을 것이다. 사정상 입원실에서 가장 탁월한 방법을 찾아내고 싶었던 것이다. 그로 인하여 내 마음의 병까지 치유했지 싶다. 사는 날의 진솔한 처세법이나 다름없는 문학 강의, 은사를 잘 만났지 싶다. 마지막 장을 덮고 강의실을 정리한다.

남편은 봄이 가득 담긴 '케리어'를 끌고 한발 앞서 가고 있다. 어느 길로 들어섰는지 보이지 않는다. 누군가를 편애하지 않는 봄 햇살은 나의 어깨 위에 소복하게 내려앉는다. 정해진 수학적 문제였다면 흥미 없었을 터, 격 없는 화장실 속 강의는 내 귓속으로 쟁쟁하게 뒤따른다.

결과 결 사이

　송아지 여물통이 있다. 내 집에 들여온 지 30여 년 되었다. 친정어머니가 옆집 외양간에 놓인 것을 구해 주셨으나 몇 년 산인지는 알 수 없다. 빛바랜 회색 여물통에 들기름 칠을 먹일 때이다. 순간 본래의 나무색으로 돌아오는 놀라운 변화를 지켜보았다.
　비닐 깔고 수족관을 만들어 금붕어와 새끼 거북이를 키워봤다. 그도 싫증나서 몇 년간 비워두다 지금은 생화를 가득 심어 놓으니 운치가 있다. 문제는 여물통의 여기저기가 죽은 나무처럼 썩어 문드러진다는 점이다. 엄지손톱으로 꾹꾹 눌러보면 나무의 결이 가로로 쪼개진다. 결의 힘이 아직은 남아있다는 증거이다.
　조용한 밤, 여물통 어디선가 벌레들의 나무 파먹는 소리가 들려온다. 실제로 서너 곳에는 수수 알 만한 구멍들이 나있다. 밤이면 고요 속에서 나무 갉아대는 소리가 더 크게 들려온다. 등에 기름칠을 한 듯 윤나는 벌레들, 그 녀석들의 장난이다. 아니, 삶의 현장이다. 여물통 전체에는 결을 따라 세로로 잔금이 나고 그 금들이 끊어졌다 이어지며 한 방향으로 나아간다. 나란히 가되 충돌은 없다.

   옆을 깎아 둥글린 부분에서 수십 년 된 소나무의 함몰된 옹이를 발견한다. 결이 그 앞에서 멈추어 서는 것은 잠시 쉬었다 가려는 것이다. 어느 시인은, 강물조차 물굽이 앞에서 물러서지 않고 쉬어 간다며 인간도 그래야 한다고 하였겠다. 인생에도 함정은 많으나 올 곧은 사람은 깊은 함정 앞에서 한 번쯤 생각한 후에 돌아서 가고, 결이 곱지 못한 사람은 함정을 만들기도 할 것이다.

   다시 검지를 오므려 여물통의 파인 부분을 두드려본다. 결이 곱지 않은 만큼 소리가 둔탁한 것은 벌레들의 공격 탓이다. 결이 거친 사람과 나무는 흡사하다.

   지난날 반질거리도록 입었던 탈색된 사지 바지에도 결이 있다고 기억한다. 비단에는 비단결, 물에는 물결, 성악가에게도 목소리의 결이 있어 고운 소리가 나도록 다듬어야 하리라. 다 그렇지는 않지만 사람도 팍팍한 사람은 여유가 없고 고운 사람은 정이 많아 주변에 사람이 많다. 인성은 좋아도 어려운 사람이 있다면, 이는 내가 다가갈 준비가 안 되어서이다.

   문득 나는 어느 결에 속하나 조심스럽다. 자의든, 타의든 혹여 실수로라도 상대방에게 상처를 주지는 않았을까 신경 쓰일 때가 있다. 규칙적인 결 앞에 서면 지적 능력이 느껴지는 것은 그래서이다.

세상의 모든 어머니가 그러하듯 내 어머니는 자식을 키우며 좋은 결을 만들기 위해 얼마나 애달아하셨을지 짐작 된다. 여인에게는 세 가지 솜씨를 으뜸으로 꼽는다지만 솜씨는 재주에 속할 수 있으나 결은 세 가지를 잘한다고 생기는 게 아니다.

딸을 데려갈 때는 어머니를 본다고 하였다. 결은 바로 어머니에게서 딸에게로 전수되는 인성이기에 내 자신을 바르게 지키지 못한다면 어머니를 욕되게 할 것이다. 흩어짐 없이 차분하며 방향이 한결같아야 하는 결을 잃었다면 본분을 잃어버림과 같다. 사람에 있어 심성이 고운 사람이나 곱지 않은 사람을 한눈에 알아볼 수 있게 하는 것도 그와 같은 까닭에서이다.

여물통뿐만이 아니다. 일상생활하다 잘못되면 '에라'가 났다고 하지 않던가. 규칙 수렴의 미학이나 정도에서 벗어나는 것을 말한다.

다시 여물통에 가로 누운 나뭇결을 따라간다. 나는 어디로 가고 있으며 순리대로 잘 나아가고 있는지도 살펴 볼 일이다.

살아가면서 부러운 사람들을 자주 본다. 많이 배웠거나, 안 배웠거나 큰 소리 내지 않고, 상처주지 않으며 우아하게 교양미 넘치는 사람들을 대할 때이다. 튀지 않으며 눈에 거슬리지 않는 사람들은 행동에 빛이 난다. 인생에 이모작이 있다면 그렇게 나무랄 데 없는 사람으로 살고 싶다.

'오리알이 진흙에 쌓여 등겨 속에서 육 개월간 썩거나 부화되지 못하고 묘한 맛을 낸다는 피탄'이 있듯, 쓰임새 있게 썩되 쓸데없이 썩어서는 안 되겠다. 결은 어디까지나 조직적이어야 하고 사람에게는 풍미가 있어야 하는 것이다.

하여, 쇠죽 통은 썩어 문드러진다 하여도 인성은 썩어서는 안 된다며 이 나이되도록 결을 배워가는 중이다. 결과 결 사이, 갈 길이 멀다.

호야 꽃을 기다리다

    호야의 나이 올해 아홉 살이다. 호야는 아이들이 가져다준 화초 이름으로, 막대선인장과 한 화분에서 한방을 쓰고 있다. 둘은 의좋은 살붙이나 다름없다. 선인장은 그렇다 해도, 호야는 구 년 되도록 꽃피울 생각조차 없는 듯하다. 하루는 늘어나는 덩굴이 걸리적거린다고 줄기 끝을 다 잘라 주고 말았는데 그것이 실수다.

    어느 날 친구가 하는 말 있다, 자기네 집에는 호야 꽃이 만개하여 아름다움에 넋을 잃는다는 소식이다. 친구는 꽃 모양이 신비하다고 몇 번 말하는데, 구 년을 한집에 살아도 꽃 잎을 열지 않는 우리 집 그 꽃나무 자존심조차 강하다. 하여 귀한 꽃인가 보다고 추어준다.

    하루는 산책 중에 누군가 공터에 내다버린 호야 두 줄기를 추려온다. 바싹 마른 줄기에는 곰팡이 같은 버짐이 하얗게 피어 말라가는 중이다. 호야의 파란만장한 지난날을 짐작하고 안쓰러운 마음에 데리고 온다. 세

숫대야에 물을 가득 담고 사흘 낮 사흘 밤 물 돌기를 기다린다. 그 후 원래 있던 호야와 한 방 식구가 되도록 심어놓는다. 오며 가며 살아날까, 마음 주던 어느 날 아침이다. 돋아나는 새순을 발견하고 환호를 올리며 조심스레 손뼉을 친다.

살아났다는 내 말에 친구는 좋은 일 했다며 감동한다. 주인 잘 만났으니 반드시 꽃피울 거라며 응원해온다. 그날 호야 꽃은 줄기 끝에서 핀다는 말을 들으며 놀라고 말았겠다. 이런 낭패가 있나 싶다. 덩굴만 드리우고 정작 책임은 안 하는 것 같은 호야의 줄기 끝은 이미 사라지고 없다. 꽃 눈 틀 자리를 잘라버렸으니 나의 무지다. 꽃자리 생기려면 앞으로 팔 년은 더 기다려야 할 터이다. 인내가 부족하면 꽃을 포기해야 된다는 결론이지 싶다.

오래전의 일이다. 큰 아이는 어려서부터 얼굴에 노랑꽃이 피어 나의 가슴을 아프게 했던 기억이 있다. 어느 날인가, 친구가 가져다준 선물 속에 아이들 선물과 가정상비약도 포함됐는데 빨래하고 들어와 보니 화장대 속 알약이 다 사라진 것이다. 물론 병원은 다녀왔으나 그 후로, 아이는 잔병치레로 병약했다.

호야의 줄기에 꽃 대신 피어난 곰팡이를 보며 나약한 내 아이의 어릴 적 부실한 모습이 떠오른다. 아기 키우는 방법이 서툴렀기에 지금까지 가슴 아프다. 아이는 차차 그 곰팡이를 밀어내고 잘 살고 있다. 영원히 꽃을 못 피울 줄 알았으나 호야의 신비한 꽃 모양으로, 두 아이의 아비로, 든든한 가장으로 잘 살아내고 있다. 큰 아이는 줄기 끝의 꽃눈을 세심히 보았지 싶다. 어미를 닮지 않아 다행이다. 어쩌면 꽃눈은 잘라냈다 해도 꽃 피우는 방법을 알고 있었다면 지나친 상상이라 하겠다. 그만큼 책임감 다하며 살아가는 중이다.

파도의 물결인지 알 수 없으나, 줄기 잘린 호야의 말이 들려온다. 거친 파도는 바다에만 있는 게 아니라 화초에도 있으므로 노 젓는 방법을 모르거든 관찰이라도 잘 하라고 꾸짖는다. 파도에도 머리가 있으므로 최소한 머리와 꼬리는 구분할 줄 알아야 세상살이 헤쳐 나갈 수 있다는 뜻이겠다. 꽃피울 때까지 눈을 소중히 다루는 상식은 있어야 하리라.

머리로 해서 가슴으로 수필을 짓듯 꽃 농사짓는 일에도 예외는 없다. 마음먹은 일이라면, 작약이 모란될 리는 없지만 그 정도의 정성으로 구년 아니라 스물아홉 해라도 꽃삽을 놓아서는 안 되는 것이다. 꽃이나, 사람이나 아름다운 것은 거저 만들어지지 않을 테니까. 노력을 필요로 하되 꽃은 포기하지 않는다면 향기는 내가 받을 선물이다. 물론 위기의 순간은 있겠으나 지혜롭다는 것은 살아가는데 필요한 또 하나의 꽃이다.

오늘도 몇 번씩 베란다로 나가, 아기 살피듯 호야와 눈을 맞춘다. 나의 성공작이어야 한다고 마음 전부를 글어 모은다. 아홉 살짜리 호야 꽃나무에 새 눈이 트고 있다. 새순인지 꽃눈인지 성급하게 기다리는 중이다. 그 기다림에 꽃보다 향기가 먼저 올라오는 듯하다. 작은 베란다의 꽃밭이 상전벽해 된다 하더라도 나는 호야의 만개 날까지 사랑을 주고 싶다. 초점이 안 맞았던지, 마음이 안 맞았던지 조끔씩은 빗나갔지 싶다. 꽃과의 인연이 비현실이 될까 조심스럽다. 부주의가 조바심을 낳고 있다.

  그러구러 며칠 지나 봄의 기운과 햇살을 받으라고 집터서리에 내 놓았겠다. 그게 잘못이다. 구 년 동안 키워온 호야는 남의 손길을 타고 어딘가로 사라진 것이다. 서운한 마음 감출 길 없으나 누군가에게 잘 입양됐겠지, 더 먼 바깥 세계가 궁금했겠지 싶어 위로를 한다. 기다림은 끝이 없나 보다. 구 년의 세월도 함께 사라졌으나 새 주인과 꽃피우며 잘 살아 가라고 두 손 모은다. 피우지 못한 호야의 신비한 꽃송이는 나만의 것이 아니라 모두의 것인가 보다. 어디선가 들려올 호야의 만개 소식을 기다리며 새로운 글을 짓는다.

마르셀 뒤샹이 말하다

　마르셀 뒤샹 작 「샘」에 관심이 집중된다. 예술 책자에서 만났던 그의 돌려놓은 남자 소변기는 엉뚱하기 싹이 없다. 딸랑 소변기 하나를 돌려놓고 작품이라고 우기는 작가의 상상력을 따라잡을 수가 없어 관심이 갔겠다. 작가의 심기가 불편한 걸까 궁금하기도 한 것이다. 소변기는 결코 우아하거나 사랑스럽지 않다. 그럼에도 익숙한 변기이기에 오히려 그의 작품이 예사롭지 않게 다가온다.

　아무리 봐도 토라진 삼각형의 소변기에는 물이 나오는 10개의 작은 배출구와 오줌이 흘러나가는 하나의 구멍이 있다. 하나 더 추가한다면 왼편에 까만색 영문의 변기 제작 회사 이름이 있을 정도이다. 얼핏 보면 전립선을 향한 건강 캠페인 포스터 같기도 하다.

　세기의 배우나 최고의 권력자라 하더라도 하나 같이 생리작용을 해결해야만 살아갈 수 있다. 인간의 생리적이고 본능적이며 친숙해야 할 변기를 '마르셀 뒤샹'이 거꾸로 놓고 작품으로 승화시켰으나 보는 눈이 무딘 나는 따라잡기 쉽지 않았겠다. 흔히들 외치는 낯설게 하기이다.

  눈으로 보던 미술이 근래 개념적인 것으로 변하였다 하더라도 변기에서 예술을 찾아내야 하는 한 순간은 내게 주어진 커다란 과제이다. 누군가 나를 향해 인생을 숙제하듯 살지 말고 축제하듯 살아보라고 권하였으나, 숙제요 고민일 수밖에 없다.

  지난날 멀리 있어야 할 뒷간이었다면 오늘날에는 안방까지 들어와 앉은 화장실, 그곳에서 상상과 아이디어가 창출된다고 하나 선뜻 감이 안 잡힌 것이다. 혹 버려야 할 것을 버리지 못하는 역설적 의도라면, 글 쓰는 작업에서도 마찬가지다. 욕심이 많아 버리지 못한다면 주제가 바로 서지 않는다. 무리해서 끌고 가다 보면 길을 잃거나 두 개의 길이 날 때가 있다. 힘은 힘대로 부치고 글은 글대로 엉키어 고생을 하게 된다. 글이 아닌 글을 다시 고치려면 늑장 대응에 새로 쓰기보다 더 힘이 든다. 하나, 이 소변기 앞에서 두 개의 길이 있을 리가 없다면 분명 고정관념 버리기겠다.

  마르셀 뒤샹 역시 버리지 않으면 살아남을 수 없기에 의미를 두었지 싶다. 번뇌로부터의 탈출, 탈출을 위한 번뇌 같은 것, 내가 버리는 것과 작가가 버리는 것에는 차이가 있지 싶어 고심한다. 내 고정관념으로는 작품을 이해하기가 어렵다하자 누군가 상식을 벗어나보라고 귀띔한다.

  한○렬 평론가의 '문학적 낯설게 하기란, 사십오 도의 각도로 걸려있는 그림을 통하여 설명 된다.'고 하였다면 뒤샹은 백팔십도 거꾸로 돌려놓는

파격적인 상상에 예술을 담고 있다.

 상상력을 따라잡을 수 없는 답답함에 예술 책자 한 장을 더 넘긴다. 날마다 사용해도 결코 아름다울 수 없는 것들이 눈앞에 펼쳐진다. 신발장, 강철이나 깡통 혹은 쓰다 버린 냄비나 방전된 배터리가 설치예술가들의 손에서 작품으로 태어나는 시대다. 비로소 엉뚱한 것에서 예술이 발아 되는 것을 받아들인다.

 가끔 변기에 침 뱉고 코풀어 동댕이칠망정 멀리하여서는 살 수 없는 변기이다. 예술에 OR 코드가 있다면 한 번 찍어 가로 세로 두 방향의 빠른 답을 얻고 싶다. 정답을 안다면 '알레그로 비바체'로 노래하고 싶으나, 상식으론 따라갈 수 없는 상상이 답이라고 돌아온다.

 강화의 어느 호텔 벽에는 아톰과 부처님이 서로 등을 지고 앉은 작품이 전시돼 있다. 부처님은 앉아있고 아톰은 서 있는 그림, 이 역시 한 화가의 엉뚱함이요 낯설게 하기는 아닐까 싶다.

 어느 날, 새롭게 채우던 날들의 체험과 낯선 곳에서의 거듭나기야말로 예술로 연결되는 새로운 각도이다. 내친김에 대책 없이 꼿꼿하던 고개와 허리를 깊이 숙여 세상을 거꾸로 바라본다. 많은 예술가들이 외쳐대는 공통점이 거기 있다. 식상함으로부터의 탈출, 흔한 것 버리기이다. 비로소 긴 시간 과녁을 쏘아보던 화살에서 풀려난다. 익숙한 것을 생소하게 하려니 이제야 창작이 말을 걸어온다.

 하면 나도 그간 가족과 이웃과 세상을 고정관념의 눈으로 바라보며 편

협하게 살았을 수도 있다. 가족들을 향해 맞춰간 게 아니라 나의 식구들이 내게 맞춰 왔을 것이라는 마음에서 서둘러 내 정지된 관념의 빗장을 풀어 놓는다.

흔한 남자 소변기가 내게 요구한 것은 상상의 눈과 마음의 눈으로 보기였다. 비틀어보고, 돌려놓고 보고 미끄럼틀을 거꾸로 타는 순수한 어린애의 눈으로 보는 것이다.

소변기가 토라져 앉았던 까닭을 이해하자 비로소 창작이 발아된다. 남자 소변기가 말을 안 하는 게 아니라 닫혔던 내 눈이 이제야 눈을 뜬 것이다. 모든 예술가가 외치던 점을 이제라도 알게 되었으니 감사한 일이다.

수필 쓰기에 있어서도 추녀 끝에서 자라는 고드름처럼, 거꾸로 보며 고정관념을 뒤집어야 한다는 나름의 이론을 편다. 거꾸로 매달린 얼음이 서서히 녹듯이 주제도 녹아야 한다. 나의 말에 돌아앉은 뒤샹이 거들었겠다. 그래야 살아남을 수 있다고. 이번엔 내가 호응하며 또 한 장의 책장을 넘긴다.

2부
다시 저녁 여섯 시

다시 저녁 여섯 시
공기를 품다
물 한 모금
줄을 품다
줄을 연결하다
다리가 되다
컵라면 앞에 두고
휠체어 단상

다시 저녁 여섯 시

남편에게 형제 같은 친구가 있다. 학교 동창으로, 단 하루 연락 없이 지나가는 날은 없다. 남편은 그 시간을 기다린다. 저녁 여섯 시만 되면 어김없이 핸드폰 소리가 울린다. 오늘은 누구를 만났는데 신수가 훤해졌고, 어느 친구는 하늘로 가고 또 다른 친구는 아이들 만나러 해외로 떠났다고 들려온다. 이야깃거리는 갈수록 샘솟는다. 자주 전화하고 많이 만날수록 대화가 불어난다는 것은 사실이다.

하루는 남편이 먼저 전화를 하고 어느 날은 친구가 먼저 하더니 이틀간 그 친구와 연락이 안 된다. 다섯 해 동안 그런 일 없었는데 이틀간 통화가 안 된다며 초조해하는 모습이다. 다시 전화를 들어 올리는 순간 그쪽에서 전화가 온다. 저편에서 들려오는 음성은 친구가 아니고 그의 아내이다. 남편이 갑자기 병원에 왔는데 오늘을 못 넘긴다고 마음의 준비를 하란다는 연락이다. 그야말로 청천벽력이다. 우리 부부는 넋이 나간 상태이다.

거짓말 같은 소식에 남편은 하염없이 전화만 만지작거린다.

지난날, 그 친구는 아무 때고 맥주와 안주를 사들고 찾아왔던 것이다. 주변의 친구들과 지인들의 애로사항 다 들어주고 도와주며 멋지게 살아온 사람이다. 말하자면 의리 있는 친구다. 나의 남편이 대수술하고 퇴원한지 오 년 동안 단 하루도 빠지지 않고 전화 주던 친구이다. 쉬운 일 아니다.

다음날 일찍 그 아내에게서 다시 전화가 온다. 지난밤에 떠났다는 소식이다. 남편은, 사람이 그렇게 쉽게 떠날 수 있냐며 눈이 벌게진다. 그 무렵 남편의 가깝던 친구나 지인 여럿이 갑작스레 떠났다고 비보가 들려오던 때이다. 그 사람은 혼잣말처럼, 쉽게 떠나는 사람늘이 부럽다고 했으나 가족과 자기 위로이겠다.

우리는 완치판정을 기다리던 중이다. 그 오 년 세월, 먼저 가버린 친구는 단 하루도 거르지 않고 저녁 여섯 시면 위로 전화를 넣었지 싶다. 그러다 먼저 떠났으므로 사후의 전화까지 미리 다 하고 갔다고 여겨진다. 그 정성 갚을 길이 없다.

친구를 보내고 나의 남편은 요즘도 무심코 저녁 여섯 시를 기다리다 화들짝 놀란다. 안타까운 모습에 나의 누선도 뜨거워진다. 남편은 때론 무심결에 그 친구의 전화 단축번호를 누르다 놀랄 때가 있다. 가여워 바라보기 힘들 정도다. 그런 상황이 어찌 친구사이 뿐이겠는가, 부부 사이와 형제 사이가 있고 부모와 자식 사이도 있는 것을. 우리 부부의 심경이 이러한데 그의 아내나 가족은 어떠할까 싶어 먹먹하다.

더욱 안타까운 것은 날이 가며 언젠가는 우리 가슴에서 서서히 잊혀 질 것이라는 사실에 배신감이 든다. 산 사람은 살아야 한다며 맵지 않은 고춧가루를 사다 김치 담그고 '아삭아삭' 섭생을 하겠지. 산책을 하고 영화 감상을 하며 여행도 떠날 것이다. 해가 나면 선크림을 바르고 잡티가 생기면 피부과에 다니며 살아갈 것이라는 생각에 다다르자 울컥 화를 토해낸다. 그렇게 변해갈지 모를 우리가 가증스럽기도 하다. 지난날을 소환하며 절절한 날은 잠깐이고 세월 따라 희석되는 슬픔을 바람결에 흘러가게 둘지도 모를 일이다.

요즘은 친구로부터 전화 울릴 시간이면 남편만이 아니라 나도 멍하니 앉아있다. 떠나보낸다는 것은 정말 어려운 일이다. 그 친구가 좋아하던 콩국수나 열무김치를 먹다가도 수저를 놓을 때가 있는 남편이다. 허한 가슴이 콩국보다 진하고 자른 무채김치보다 더 많게 잘려나간다. 아픔은 수십 배로 늘어나고 있다.

그 친구에게 순무김치 보낸다고 하다가, 다음에 '신○림역'에서 만나자고 하다가 영영 만날 수 없는 영육의 거리로 떠나보낸 것이다. '다음'이란 단어는 노트북에 있거나 후회를 만들어줄 뿐이다.

남편의 친구가 떠난 지 팔 개월이다. 저녁 여섯 시, 무심코 전화기를 향한 남편의 손 떨림은 서서히 나아지겠으나 마음의 떨림은 아직 한 치도 아물지 못하고 있다.

한데, 이럴 수는 없다. 남편은 친구 따라 떠나갔겠다. 떠난 이 앞에 두고 뒤에서 후회한들 소용없는 일이기에 허기진 반성을 할 뿐이다. 잊혀지기는커녕 갈수록 더한 병이다. 아직도 잊지 못하고 기다리는 다시 저녁 여섯 시, 오롯이 내 몫이 되었지 싶다. 아프고 그리워서 차라리 눈을 감는다.

공기를 품다

생명이 있다면 공기 없이는 살 수 없다. 동물과 들녘의 꽃이나 풀숲의 여치까지도 그러하다.

한집에 살며 어이없게 남편은 공기가 과하여 문제가 되고 내 안에는 공해가 끼었겠다. 이 상황에 밖에서는 까막까치가 울고 있다.

무너진 광산 속에서 물이 부족해 귀한 목숨 잃는 사람은 봤어도 공기가 넘쳐 세상 등지는 사람은 본 적 없다. 한데, 그 사람은 장기 한 부분에 공기가 많다는 진단이 나온 것이다. 그 상황이 사람을 들었다 놨다 하였을 것이다. 이열치열 아니고 공기에 공기를 넣어 호흡과 치료를 병행한다니 '아이러니'다.

안에는 공기가 많고, 밖에는 산소 호흡기가 필요하다는 진단이다. 공기가 안과 밖에서 따로 대응하고 있다니 무슨 이런 경우가 있을까 싶기도 하다. 차변과 대변도 아닌 것이 사람의 생명을 담보로 올렸다 내렸다 공당놀이를 하고 있다. 맹사성의 말조심을 가르치는 공당놀이, 와중에라도 말놀이를 할 수 있다면 다행이긴 하겠다.

종당엔 수술을 할 수도 있다했으나 다행히 시술을 한다는 연락이다. 남편은 웃으며 죄를 조금 지었나보다고 말한다. 죄 없는 사람 없겠지만 그 사람은 선한 일을 할 만큼 했다고 아내로서 인정한다. 한때는 가톨릭에서 주검을 염하는 봉사를 한 적 있다. 그런가하면 노인정에는 운전하는 어르신이 없어, 식당 갈 때나 포구로 반찬거리 사러 가노라면 그 사람이 달려가곤 했겠다. 직장을 다니면서도 점심시간이나 주말이면 빼놓을 수 없는 커피처럼 끼어서 즐겁게 봉사하던 사람이다. 헛바람 아니라 신바람으로 최선을 다해 노인을 돕던 그에게 어이없게도 불필요한 바람이 는 것이다.

함께 '가시버시로 살기까지는 칠천 겁의 인연이 있어야' 된다고 들어온다. 귀한 만남에 평생 한눈 한번 안 팔고 달려왔는데, 아직 쌓은 덕이 부족한가보다고 '허허' 웃던 사람이다.

쌀 없는 집은 양식으로, 혼사를 앞 둔 혼주에겐 양복을, 부식이 없는 이웃엔 반찬거리까지 실어다주며 부지런히 살아온 것이다. 그럼에도 더 많은 사랑을 베풀라는 절대자의 명령인가 해서 그를 위로해준다. 나름 좋은 일하며 살았다고 여겼는데 그 일에 서로 서툴렀나 보다.

나쁜 공기만이 아니라, 끝까지 같이 갈 수 없는 사람은 놓고 가라는 스님이 있다. 그런가하면 끝내 함께 할 수 없는 사람은 인사만 하고 지내라는 조언도 있다. 살아가는 날에 스쳐가는 사람을 두고 하는 말이지 내 남편 차출은 아니라고 손사래 쳤지 싶다.

과실나무 아래서 농익은 낙과를 보던 날이다. 때가 되면 물러날 줄 아는, 잘 익은 연시 같은 사람이 있다. 하나 그 역시 내가 놓을 사람 아니라 나를 떨궈놓고 돌아설 사람일 수도 있다는 느낌이다.

그러구러 나의 옆지기는 병원을 나와 내 옆에 있을 때이다. 의학적인 바깥 공기와 가슴 안의 불필요한 공기는 조율하고 자연공기로만 살아가던 즈음이다. 안 되는 게 있으면 되는 것은 있는 법, 물음표가 마침표를 끌어다 주었으리라.

누군가 섬에는 산소 함량이 22%이나 도시는 20% 정도라고 알려준다. 확인은 못해봤기에 내가 사는 곳은 몇 %일까 관심이 깊다. 전원생활을 원하는 이들의 탈도시를 만날 수 있다. 푸른 자연이나 조용한 공간을 찾아서이다. 요양을 위해, 창작을 위하여 나 혼자 살기를 원하는 사람도 있겠다.

'나는 단수이면서 복수.'라는 말은 군중 속의 홀로를 말할 수 있다. 내 경우로 볼 때 주변 공기는 분위기가 되기도 할 것이다. 나아가 좋은 자연은 나 역시 원하는 곳이다. 깨끗한 것은 무색무취에 냄새조차 없으나, 내가 대우하기에 따라 색깔과 대우받는 방법도 달라진다. 자연이 사는 방법과 내가 사는 방법은 얼마나 다를까 싶다.

하면, 그간 사는 날을 가볍게 다뤘기에 무거운 마음을 얹어주었을까 하는데 그가 '밀란 쿤데라'는 아닐 것이다. 우리 부부에게 내려진 사는 날의 처방을 포함하고 있다. 노력 끝에 오는 신중한 결과가 있어, 남편은 지금 자연으로부터, 주변으로부터 편안한 대우를 받는 중이겠다. 살아오는 날에 도움을 준 지인도 잊지 않고 있을 것이다.

옥상 위 매지구름도 떠나가고 없다. 주변 지인에게도 아픔은 '실루엣'처럼 부드럽게 멀어지길 기도한다. 안팎으로 좋은 처세법에 관심 두려니 곱게 떠나간 옆 지기에게도 선한 결과가 돌아온 것이라 위안하게 된다.

따라서 내겐 날선 논쟁보다 새로운 균형이 필요하다. 다른 공기가 몸 안팎에서 대응했다면 거기엔 내 책임도 있을 테니까. 좋은 공기 찾기 전에 내가 먼저 신선한 공기가 될 수는 없는지 돌아볼 일이다.

떠나간 그 사람은 지금 그 세계와 이 세계의 남은 가족으로부터 대우받으며 두 번 살아가고 있을 것이다. 하면 지나친 상상이라 할까 모르겠다.

물 한 모금

수술 후 남편의 첫마디가 있다. 물 한 모금만 마셨으면 원이 없겠다는 말이다. 식사는 링거뿐이더니 얼마 후, 첫 식사가 죽보다 묽은 미음이 나온다. 울긋불긋한 반찬도 '푸딩'에 가까운데 가장 힘든 것은 고개를 숙이고 물 마시기이다. 걸쭉한 음식과 물김치 국물도 어려움 없으나 맹물은 사레가 잘 걸려 미리 겁에 질린다.

나는 병상 끄트머리에 서성거리며 안타까운 마음으로 안 보는 척 바라본다. 그 상태로 음식을 입에 넣고 씹고 삼켜야하는 반복적인 연습이 필요하다. 한동안은 그렇겠다.

고개 숙이고 섭생하는 일이 그렇게 힘든 줄 몰랐다. 같은 증세의 환자들이 툭하면 폐렴에 걸리는 까닭이 물에 있다. 얼마 후에야 연하곤란 시, 물에 타서 마시는 가루가 있다는 사실을 알고 도움 받는다.

남편에게 우스갯소리 삼아 한마디 들려준다. 감바리*는 아니지만 젊은 나이부터 최선을 다하여 어깨 세우고 살아오지 않았느냐, 이제 고개 내리고 살아간다하여도 억울하지 않겠다 싶어 내려진 처방이 있다. 그것이 고개 숙이고 사는 것이라고 들려주니, 나의 '고시랑고시랑'을 듣던 남편은 빙긋 웃을 뿐이다. 긍정의 답이겠다.

고개 드는 날 있으면 숙이는 날도 있을 터, 우리 부부는 지금 조심스레 하산하며 내려가는 중이다. 올라가기만 어려운 줄 알았으나 내리막길도 쉬운 게 아니다. 숙인 상태로 서로 내면을 다스리고 환부를 치료하며 남은 날에 풀어가야 할 문제를 당길 뿐이다. 그 사람으로 인해 내리고 사는 방법을 진지하게 배워가고 있다.

남편은 내게, 외유내강 형이라 위로해 주는데 같이 가는 남편을 위해 최선을 다하는 것은 나를 위해서이기도 하다. 혹여 남편만이 아니라 그동안 살아오면서 내 마당에 든 사람들에게 실수로라도 고개 내리게 하지는 않았을까 성찰하게 된다. 부족한 마음 한 자락 움켜쥐고 모자라는 공감능력으로 그들을 아프게 하지는 않았을까 짚어본다.

위기가 기회라고 들어온다. 이즈음에 더 겸손한 사람으로 살아보라는 절대자의 명령 아닐까 싶으니 어느 한 순간도 허투루 받아들이면 안 될 것이다.

다시 고개 숙이고 물 마시는 남편을 바라본다. 가장 쉬운 것을 어렵게 해야 하는 물 한 모금을 통해 자신과 세상을 다시 들여다본다. 남편을 간호하며 두 번, 세 번 자신을 낮춰가므로 감사할 부분이기도 하다. 한편으론 미안하지만 나의 물 넘김에 감사하고 있다면 헛 간호는 아니겠다.

얼마 전, 그동안 우리 부부가 힘들었을 것이라며 며느리가 꽃다발 선물을 안겨준다. 꽃은 화병 속에서 갈수록 탐스럽게 피어나더니 어느 날, 그 꽃이 고개를 숙이고 만다. 파꽃인가 하면 족두리 같은 하얀 꽃송이가 청초하고 아름답다.

식사하다가 식탁에 놓인 꽃을 바라보던 남편이 하는 말이 있다. 이 꽃은 고개를 숙여도 우아하다고 말한다. 맞는 말이다. 우리 부부도 늙어가는 꽃이니까, 오래도록 우아하고 곱게 이 꽃처럼 늙어가자고 주고받는다. 고개만이 아니라 마음을 먼저 내렸기에 꽃은 자세히 보이고 평범한 물 마시기에도 자신감이 생겼겠다.

모든 면에서 숙이려니 세상은 내 편으로 다가오는 듯하다. 이제 많이 늦어 괴란쩍기도 하다만 그동안 씹지 않아도 넘어가는 물이라고 만만하게 여겼나 보다. 물이 가르쳐준 사는 날의 처세법에 감사할 일이다. 물만 잘 마셔도 어려움 없이 살아갈 수 있을 터이다. 물 한 방울로 소생하거나 물 한 모금 못 넘겨 떠나기도 하니까.

둘이 살다 누가 먼저 떠날지 모르는 앞날이다. 부부가 예쁘게 살지는 못하더라도 아웅다웅하지는 말아야 하겠다. 다는 아니지만 대개 이 나이에 깨가 쏟아지는 부부가 몇이나 될까 싶기도 하다. 열정은 식어 냉정에 가까운 나이이다. 서로 사위어 질 때까지 상처주지 말며 동치미 국물 한 보시기 마시듯 시원하게 넘겨야 하리라. 하수상한 세월에 티끌 하나가 되어 최선을 다하면 모든 일이 술술 넘어 가겠다는 생각이다. 맹물이 가르쳐준 고개 숙이는 법을 오지게 연습하고 있다.

  물 한 모금이 사람의 도리를 알게 했나보다. 고개를 올리고 내림이 한 몸에 있어 '지킬박사와 하이드'까지 짚어보게 만든다.

  병실에서의 일을 유념하며 부부가 함께 걷다 보니 병원 정문은 뒤에서 한 발짝씩, 한 발짝씩 멀어져간다.

  그날이 언제이던가, 그 사람 지금 어디쯤에 있을지, 내려다보고 올려다 보며 서로 마주보리라는 짐작이 든다.

---

*감바리: 이익을 노리고 남보다 먼저 약삭빠르게 달려드는 사람.

줄을 풀다

오래된 영화, 「님은 먼 곳에」를 몇 번 감상할 무렵이다. 갑자기 남편은 그야말로 징용에 끌려가듯 입원하게 된다. 살다보면 건강한 날만 있지는 않아, 아픈 날은 예고 없이 찾아와 당황하게 만든다. 건강만이 아니라 산다는 게 그렇다.

남편은 입원하고 링거를 꽂는다. 여러 개의 링거 줄과 의료용 줄이 엉켜 번거롭게 되자, 꼼꼼하고 깔끔한 그 사람은 '툭'하면 링거 줄과 실랑이를 벌인다. 그럴 때마다 떠오르는 영화, 「님은 먼 곳에」가 떠오른다. 남편 찾아 전쟁터를 찾아가는 여주인공 '수애'는 월남전에 파고들기 위해 위문공연단에 입성한다.

짚어보면 우리 부부가 들어와 있는 병원도 병마에서 살아남으려는 사람들의 전쟁터나 다름없지 싶다. 하루에 몇 번씩 줄을 붙잡고 곰비임비* 하는 남편을 바라보던, 한 간호사가 자기 일을 미루고 마주 앉아 도와준다. 나는 고마운 마음에서 과연 백의의 천사라며 웃어 보인다.

그 정리는 얼마 못 가는데 운동을 하거나 화장실 한 번 다녀오면 다시 꼬이고 만다. 여러 번 도와주다가 나는 슬그머니 물러나온다. 지나치게 깔끔하거나 꼼꼼한 것도 병이라며 지나는 말로 되뇐다. 살다 보면 인생살이도 여러 번 꼬이건만 그깟 링거 줄 엉키는 게 무슨 대수일까 싶기도 하니 두길 보기** 아닐까 싶다.

할 일 없는 남편은 말없이 여전히 링거 줄을 풀고 있다. 얼마 못 가, 다시 풀어야할 줄이지만 열두 번 반복하더라도 기어코 풀고야 말겠다는 그 의지가 가상하여 나의 잔소리는 백기를 들고 만다. 그래, 엉킨 줄 풀면서 꼬여버린 건강쯤은 잊어버리라고 어느새 남편을 응원하고 있다. 줄을 푸는 것도 약이 되겠다 싶어, 내 잔소리는 줄어들고 남편의 행동은 변함이 없다.

내가 보기에는 보잘 것 없는 일 중의 하나같으나 그 사람에겐 반드시 정리해야만 직성이 풀리는 일이다. 아니, 약이 지나가는 길이므로 생명줄을 다루는 일만큼 중요한 것은 없겠다. 언제 어느 때 삶을 가로질러 다른 병마가 날아와 안 좋은 일이 닥칠지 모르므로 유비무환의 심정으로 차근차근 풀어간다. 마치 전쟁을 종식시키려는 각오인 듯하다.

전쟁 통에 시를 쓰는 사람이 있는가 하면 노래하고 춤추는 위문공연단이 있고 건강을 잃고서야 엉킨 줄 풀어가는 사람이 여기 있다. 그 모두가 살아 온 날에 대한 속죄이자 살아갈 날의 대비이겠다. 꼬이지 않은 링거 줄과 엉키지 않은 생이 있다면 얼마나 될까 싶기도 하다.

　입원실은 변화와 근심 많은 곳이다. 언제 또 한생을 거둬갈지 모를 악전고투의 현장이다. 다섯 번째 날이다. 밖이 소란스러워 슬그머니 나가, 소리 나는 방향으로 넘실해본다. 옆 병실의 환자인데, 바깥노인이 쓰러졌으나 의식 없어 중환자실로 옮겨간다는 후문이다. 듣고 보니, 내 남편이 링거 줄과 실랑이하는 것은 눈엣가시가 아니라 그 정도로 좋아졌으니 감사할 일이라고 그제야 알아챈다. 그 사람의 심기를 건드리지 않는 것도 간호이지 싶어 병실로 돌아와 남편에게, 링거 줄 정리 다 했느냐고 넌지시 묻는다. 나도 마주 앉아 줄을 매만진다. 중환자실 안 가는 것만으로도 넙죽 절할 일이니까. 링거 줄을 타고 영양제와 약이 흐르듯 막혔던 나의 생각도 새롭게 내려온다.

　링거 줄은 생명을 다루는 줄이다. 허리를 구부리고 앉은 남편의 뒷모습이 삶의 의지와 연결되니 그나마 다행이지 싶기도 하다. 풀어낸다는 것은 지나간 날을 정리하는 것이자 앞날의 정답이겠다. 이 모두가 살아가는 날의 과정이자 한 편의 영화이지 싶다.

　영화 「님은 먼 곳에」, 지금까지 수없이 감상하여도 지루하지 않은 작품이다. '수애'야말로 전쟁터의 새로운 활력소이자 수액이다. 처음 상영에서 제목만 보고 쉽게 생각했으나 사전지식 없이 다가간 영화는 시간이 흐를수록 어렵게 느껴진다. 들어갈 때는 「님은 먼 곳에」이었으나 나올 때는 누군가의 영화평론 아니더라도 '〈늦기 전에〉'였음을 공감하게 된다.

   부부가 살다가 누가 먼저 떠날지 알 수 없으나 병실에 들어와서야 '늦기 전에' 라고 깨달았으나 많이 늦지 않아 다행이다.

   돌이켜보면, 지금껏 평온하게 살아왔으므로 꼬인 줄 한 번쯤 같이 풀며 활발한 기운을 수직으로 내려 받으라는 절대자의 명령 같다. 생각하면 감사하게 받아들일 일이다.

---

*곰비임비- 자꾸자꾸. 연거푸.
**원작자의 표현을 존중하기 위하여 『님은 먼 곳에』를 임은 먼 곳에로 바꾸지 않고 그대로 사용합니다.

줄을 연결하다

서창동으로 이사 온 날이다. 창밖 나무 한 그루의 이름을 모르겠다. 이파리 하나 없으므로 궁금하기 짝이 없다.

한 달 가고 두 달 가다보니 매화꽃이 만개한 것이다. 반가워 두 손 들어 환영한다. 그러구러 창밖의 매실나무에 새파란 열매가 많기도 하다. 아마도 소래벌판은 바람의 세기가 다른가 싶다. 그 나무가 기우뚱하다. 남편은 기울어가는 나무를 살리려 궁리하더니, 안 좋은 몸으로 긴 줄을 묶어 놓는다. 쓰러져가는 나무를 이미 죽은 나무 그루터기에 사선으로 연결한 것이다. 죽은 나무도 같은 이름의 나무이지 싶다. 이미 생명을 놓은 나무가 살아있는 나무를 살려보자고 애를 쓰는 형상이다. 다시 두어 달 지나고 보니 매실나무가 어느 정도 일어선 듯하다. 놀랍고 신기해서 몇 번이고 내다본다.

나무를 붙잡고 있는 매실 그루터기는 마치 살아있는 듯, 용을 쓰고 있는 느낌이다. 죽은 나무가 살아있는 나무를 떠받들어 살리고 있으므로 '아이러니'하다. 삼 미터쯤 되는 사선의 끈이 남편의 생명줄로 보였으니 매달림이다.

그 사람이 병원에 들어가고도 창밖의 줄을 수시로 내다본다. 저 나무는 언제쯤이면 완전히 일어설 수 있을까, 아니 어찌해야 더 눕지 않을까 싶어 안타까운 마음 남다르다. 나무의 기울기를 가늠하며 내 마음도 스러져 가는 것을 느낀다. 따지고 보면 기울어짐과 일어난다는 것은 한 줄에 꿰어졌겠다.

이런 나를 잘 모르는 어느 사람은 부럽다고 했으리라. 아는 만큼만 보인다는 말이 가깝게 와 닿는다. 속속들이 모른다면 안다고 할 수 없을 터이다. 그에게, 자세히 모른다면 나를 올려놓지 말라고 진담 반 농담 반을 섞어 부탁한다. 헛말인 듯 웅얼거렸지 싶다.

여명이 트이기 두어 시간 전이다. 병원의 남편으로부터 전화가 온다. 이른 전화나 늦은 밤의 전화는 손끝이나 심장 떨리는 소식이 대부분이다. 하나, 의외로 남편의 중저음 목소리가 밝다. 몸 상태가 많이 좋아졌다며 팔월 한가위 전에 퇴원한다는 고마운 소식이다. 한밤의 소식은 언제나 좋고 나쁨의 삼 대 칠 정도이다. 오늘은 면회 가기로 약속한 날, 곧 퇴원할 것이니 오지 말라는 연락이다. 이는, 기쁨이 칠을 넘긴 상황이다.

습관처럼 다시 창밖을 바라본다. 매화나무가 곧추서고 있다. 착시만은 아닌 듯하다. 남편이 매 놓은 팽팽한 줄에 내 마음을 의지하게 하더니 나무도 거의 직선에 가깝다. 말의 꾸밈이 아니다. 더 푸르러지기도 했기에 기도하는 마음이다. 나무가 제자리로 오고 그가 돌아온 것이다. 아니 그가 돌아오고 나무도 제 몸을 일으켰다고 표현하고 싶다.

 뒤창으로 매화나무가 보이던 백 년 넘은 친정집, 대청마루에 누워 대들보를 바라보던 날이 떠오른다. 아무도 없는 여름 대낮, 안채에서 마루에 누워보면 대들보에 보이던 빛바랜 먹 글씨가 그날따라 잘 보이더라는 아버지의 한마디는 염려이다. 집 안에는 남자가 있어야 한다던 할머니의 말씀도 대들보처럼 집안을 떠받들고 갈 사람이 있어야 한다는 뜻이리라.

 지금, 한 식구가 일어나 그 과정을 다시 떠받들며 가려는 것이다. 그 거대한 일에 도와주는 사람이 있어야 할 것이다. 집 안의 꽃은 여자이지만 남편의 손도 있어야 열매를 볼 수 있다는 뜻이겠다.

 이 동네로 와 많은 일들이 잘 지나갔으나 다 좋을 수는 없다. 백퍼센트는 아니지만 가족의 공동체적 사랑과 끈기의 작용 아닐까 싶다. 건강의 기울기와 정신적 기울기가 융화되어 내 가족을 반석 위에 올려놓은 곳이 이 마을이다. 아마도 묶은 사람이 매듭을 푼 모양이다. 기원으로 풀었지 싶다. 묶어야 사는 나무가 풀어야만 살 수 있는 나무로 변모해간다. 그 까닭은 살아나기까지의 '아이러니'한 과정이다. 건강의 기울기가 정신적 기울기와 '플러스' 되어 내 주변의 울타리가 되고 있다.

 묶여야만 바로 서는 나무가 있다면 혼자 있어야 풀려날 수 있는 사람이 있다. 가진 게 많아서가 아니라 나라의 은전이다. 수술 후 면역력이 약해져 가끔 독방 신세를 질 때가 있다. 그 방은 홀로이나 혼자가 아니다. 남편이 머무는 곳 의료진과 연결된 줄이 친절하고 의학적이다. 그 덕에 매듭을 자르지 않고 함께 부드러운 끝을 본 것이다.

다시 짚어보면 사선은 기울기다. 남편에겐 건강의 기울기고 내게는 평화를 원하는 기울기다. 그것이 평정을 찾을 때까지 고요가 필요하겠으나 이미 나무가 수직이 되듯 우리는 퇴원 길에 모델처럼 걸어도 되겠다.

이제 사선은 넘어서고 직선의 줄이 남아있다. 앞날을 위한 곧은 발걸음의 수를 세어본다. 그 기도가 몇 번 다시 될는지 알 수 없던 날이다. 항상 곧게 눕던 사람이 사선으로 누웠다. 떠날 때는 누구나 사선으로, 남편의 마지막 '메시지'를 받아들인다.

다리가 되다

    남편은 지팡이를 만들고 있다. 현역에서 물러나버린 유행 지난 골프채이다. 자르고, 갈고 금속성음을 무마하기 위해 고무 발통을 끼운다. 완성된 골프채는 날씬하고, 가볍고 그럴듯한 지팡이로 다시 태어난다. 도회적인 신사가 짚어야할 듯 세련된 지팡이로 변하였겠다.

    한때는 푸른 '필드'에서 무게실린 뽀얀 공을 야무지게 휘둘렀을 골프채이다. 한 번은 조심스레, 한 번은 하늘 높이 공을 날렸겠다. 깃대 옆 홀에 넣고 환호와 함께 어깨 으쓱거렸을 휘두름이 떠오른다. 골프장에서 밀려난 골프채가 내 남편의 건강을 돕는 지팡이가 되어 고맙기도 하다. 둘의 모습이 닮아있다. 지난날, 더불어 박수치고 좋아하던 날씬한 채 하나가 역시 젊은 날을 보내고 제2의 삶을 살고 있는 남편과 동병상련 중이다.

    태어나 얼마 후 아버지의 손바닥에 서고, 일 년 뒤에 두 발로 걷던 아이가 자라고 늙어간다. 하여 남편이나, 밀려난 골프채나 예사로 안 보인다.

대부분의 남자는 한때 사자 갈기 휘날리듯 푸른 들판 가로지르며 사회생활에 충실했겠다. 골프채는 골프채대로 사철 넓은 '필드'에서 나날이 실력에 실력을 얹었을 터이다. 어느 날은 대인관계를 위해, 때로는 부부의 건강을 지키려 노을이 익을 때까지 날리던 존재이다.

당당하던 골프채도 늙어가면서 내 남편의 다리가 되었기에 두 번 고맙다. 가야할 길을 따르는 것은 순리이듯 함께 늙어가자고 다짐했으리라. 지팡이는 남편의 수술 후에 부축하며 함께 했으니, 세 발로 걷게 되던 날이다.

얼마 전까지 화려하게 휘날리다 다리가 되고 힘이 되어 세상길 함께 걷고 있다. 하나 요즘은 지팡이를 제 집으로 보낸 지 오래되어 고맙기 이를 데 없다. 봉사의 의미에 앞서 건강을 담은 것이겠다.

나이 들어가는 남편에게 보내는 염원은 부부가 함께 걸어가야 할 튼튼한 다리가 되라고 기원하는 것이다. 나아가 우리 부부가 농축된 생의 마지막 길까지 함께 간다면 더한 축복은 없지 싶다. 빙하가 만들어낸 '크레바스'에 빠지더라도 믿음과 정신력만 있다면 살아남을 수 있다.

사라지지 않는 해, 백야가 있다면 가는 날까지 지면 안 되는 건강이 있다. 계속 부딪다보니 여기까지 온 것이다. 사는 날의 '홀인원'이자 지팡이의 도움이다.

언젠가 먹구름 낀 서쪽 하늘에 짧게 번쩍이는 빛을 본 적 있다. 그 순간 나의 그 사람에게서도 빛을 보았지 싶어 전율이 일었겠다. 마치 절망의 순간에 생명의 빛이 다가온 듯하다.

그런가 하면 남편과 무심코 한 화면을 보고 있을 때이다. 교통 사정 열악한 나라의 '극○직업'이었지 싶다. 악착같이 진흙덩이는 바퀴에 달라붙고, 애를 쓸수록 흙탕에 갇히고 만다.

그 영상에서도 내 사람을 끌어온다. 혹독한 열네 시간의 대수술 이겨내고 두 번 태어난 사람에서 삶의 연장이라는 말을 꺼내 자리를 편다. 살아남았다는 게 기적이다. 잠시, 진흙에 묻혀 애를 써도 헤어 나오지 못하는 트럭이 마치 내 사람이 수술실에 갇힌 모습으로 겹쳐진다. 진창길을 벗어나 지금에 다다랐으니까.

그 사람은 더 이상 지팡이를 만들지 않는다. 두 번 살아가야 할 앞날을 그리며 살아가겠다. 험한 길에서 빠져나와 돌아가는 길에 우리 부부의 남은 날이 길면 얼마나 길까 싶던 날이다. 큰 그림은 접어두고 소박한 오솔길인 듯 걸어가고 있을 것이다. 남은 날 서로 의지하며 사람답게 살고 싶다 했던가. 크게 바라는 것은 없다 했겠다. 다시 태어나면 못 다한 삶을 '도플갱어'로 살아가는 그 사람의 걸음에 내 걸음을 보태고 싶다. 서로 부축하며 걷는 산책길이 얼마나 남아 있을까 안타까워하던 그때가 그립다.

골프채를 또 하나의 다리로 도움 받다 돌려보낸 날이다. 세상살이가 그 날을 해설하며 새롭게 건너갈 또 하나의 다리가 되었지 싶다. 만사 착실히 받아들이며 나아간다고, 건강하고 눈 밝으면 살아갈 수 있다고. 거기에 든든한 지팡이 닮은 친구가 있다면 금상첨화라고 했으리라.

  단 한 가지 다짐이 있다. 내가 말할 줄 모른다고 남의 말만으로 타인에게 상처주고 싶지 않다고 했던 날을 기억한다. 사는 날까지 곱게 늙어가길 바라는 것은 나뿐만이 아니다. 지팡이가 남편의 다리가 되었듯 고운 글과 말 또한 사람과 사람 사이를 이어주는 다리가 될 터이다.

  하나, 그 사람 벌써 가고 없다. 올리는 기도가 길다.

컵라면 앞에 두고

내일이면 남편의 퇴원이다. 입원실을 정리하며 가방을 싸다보니 달랑 남은 컵라면 하나가 눈에 들어온다. 그 사람이 사골 종류를 얘기하기에 준비한 것이다. 하루 세끼 식사가 나오므로 더 섭취하기가 버거웠겠다. 그 사람은, 집에 가서 맛있게 먹을 테니까 가져가자고 한다.

대수롭지 않게 여기던 것을 앞에 두고 불현듯 주치의 말이 떠오른다. 이 환자는 언제 어느 때 갑자기 떠날 수 있다는 말이다. 사람 일 모른다더니 퇴원 이틀 후, 남편은 세상을 등지고 만다. 그 후로도 라면은 수시로 눈에 띄어 놀라게 하므로, 결국 하루에도 몇 번씩 수액을 찍어내고는 한다. 작은 것이 아름답다는 말은 있지만 자그마한 컵 면으로 인하여 울컥거리는 상황이 될 줄이야 짐작조차 못한 것이다.

금붙이가 아니고 값비싼 옷이나 가방도 아니다. 멀리서 비행기를 타고 날아온 상어지느러미나 깊은 동굴 천장에서 어렵게 구해온 뽀얀 제비집도 아니다. 몸에 좋은 보약도 아니므로 어이없는 일이다.

  며칠 전이다. 집에 있으면 가라앉는다고 나오라는 지인의 손에 잡혀 전시장을 찾아든다. 사진전과 유화전이다. 먼저 사진 전시실부터 발을 디디는 순간 우뚝 멈춰 선다. 남편이 맛보고 싶어 하던 그 '사리◯탕' 사진이 떡하니 눈앞에 걸려있다. 나를 앞질러 달려와서 빤히 바라보고 있잖은가. 어찌하여 여기까지 따라온단 말이더냐. 액자 속을 들여다보다 또 누선이 젖는다. 아프게 만드는 것들을 피하여 집 밖으로 뛰쳐나왔건만 전시장까지 따라와 작품으로 걸려 있는 것이다. 함께 공존하자는 것인지, 둘이 있어야 완성된 작품이라는 것인지 알다가도 모를 일이다.

  사진작가의 작품 설명은 열정적으로 길게 이어지건만 내 귀에는 아무것도 안 들어온다. 오로지 그 컵라면만 머릿속에서 휘젓는 상태이다. 마치 떠나간 그 사람이 앞질러와 나를 기다린 듯하다. 내 집에 있을 때는 먹거리이던 것이 전시장에서는 작품으로 내놓기에 좋은 소재가 되었지 싶다. 느끼기 나름이겠기에 한편 반갑기도 하다.

  그뿐이 아니다. '우리가 기대어 사는 위태로운 시 공간에 대한 메멘토모리' 라는 글귀까지 작품 옆에서 나의 이해를 돕는다. 죽음을 생각하라. 죽음을 잊지 말라는 메멘토모리, 마치 즈음의 우리 부부 사연 같다. 내 가정의 모든 상황을 지켜보기라도 한 듯 놀랍기만 하다. 결국 남편은 소박한 컵 면을 남겨둔 채 내세를 향해 떠나갔지만 붙잡아도 소용없는 인생사이

다. 누가 말했던가, '철학은 죽음을 연습하는 학문이라고.'

처음 만난 사진작가는 옆에서 나의 속 내막을 알기라도 하듯 목이 쉬도록 작품 설명을 하고 있다. 그 많은 컵라면 중에 하필이면 왜 이것을 택하였느냐고 작가를 향해 묻자, 어머니가 좋아하던 음식이라는 것이다. 자신의 입장과 작품을 보는 각도에 따라 느낌은 각각 달라질 수 있겠다.

그 외 밤 풍경과 물구나무 서는 빛의 작품이 여럿이었으나 그 모든 사진들이 내포하는 작품성은 다 연결되어 있다는 느낌이다. 결국 예술은 다 같은 것이지 싶다. 사람이 세상에 나오고 떠난 후, 다른 세상에 도달할 때까지 모든 게 예술이다 싶으니 위로가 된다.

지인으로부터 마음 추어주는 문자나 전화가 온다. 산 사람은 살아야 한다 하고, 누군가는 그냥저냥 살아지더라하고, 또 어떤 이는 떠나간 사람만 불쌍하다고 하므로 피할 수 없는 인생 끝자락이다. 누구나 가야하는 그 거사를 두고, 작은 컵라면을 들었다 놨다 했겠다. 내게 예술적 사진작가의 재능이 있어서가 아니라 환자에게 못 끓여준 후회가 내 안에서 오르내린 것이다. 별것 아니라고 하겠으나 아픈 사람에게 섭생처럼 중요한 것이 또 있을까 싶다. 동적인 사람이나, 정적인 사람이나 여자든, 남자든 먹어야 사는 것일 테다. 취미를 가져야하고 할일이 있어야하는 안에 들어서 움직여야 하는 것이다. 한데 그의 모든 것이 정지된 상태이다.

집 앞의 나무가 바람 부는 방향으로 쏠리듯 사람살이도 그러하다. 바람에게도 맛이 있다. 하면 죽을 맛이 있고 사는 맛도 있지 싶어 전시장을 떠올린다. 그 사진작가를 나름대로 뛰어난 예술인에 올려놓는다. 액자 속에 들어앉은 소박한 음식, 벽에 걸린 그 앞에서 생의 끄트머리를 두드려본다.

떠나간 남편이 맛보고 싶어 하였으나, 그에게 간절히 원하는 절대가치가 있다고는 믿고 싶지 않은데 하필이면 왜 그것이었을까 싶다. 우연을 넘어 전시장까지 그가 못다 한 말을 예술가가 대변하는 것일까 하는데, 그럴 수도 있겠다.

자그마한 약상자나 귀여운 통들은 전부 줄을 맞춰 전시품처럼 침상 위에 진열하였겠다. 볼펜과 사인펜이나 작은 가위와 빗들을 통마다 분류하여 담아 놓는 사람이다. 불편한 몸으로 간단히 집을 수 있도록 나열했던 것이다. 그에게는 나름, 전시장의 작품과 다르지 않았으리라. 통 위에 차트 글씨를 쓰거나, 그림을 그리거나 영화를 본 후 간단한 영화 음악을 편곡하거나 개사해서 써 붙였으니 작가가 아니고 무엇일까 싶다.

컵라면 앞에 두고 지나간 그날들 짚어보며 흠칫 놀라는 때가 여러 날이다. 지금도 기억은 살아 꿈틀거린다. 그 사람, 보고 싶다.

휠체어 단상

남편이 앉은 휠체어를 밀고 나간다. 그 사람은 바닷물이 집 앞까지 마중 나오는 물빛공원 산책을 즐긴다. ㅅ포구에서 물길 따라 오는 바다의 내음과 맞닿는 곳으로 휠체어를 밀고 가다보면 오후에 만나는 일몰에 눈부시다.

그 사이로 휠체어를 밀고 들어서자, 남편은 영화의 한 장면 같다며 미소 짓는다. 영화를 좋아하는 남편이 어느 영화를 떠올렸지 싶다. 휠체어는 밀고 가는 사람이 주역일 때가 있으나 대부분 주인공은 휠체어에 앉은 사람이다. 자극적이지 않은 영화를 고르다 결국 이미 시작된 영화 「런」과 마주한다. 뜻하지 않게 다시 감상하게 되었겠다. 여주인공은 휠체어에 앉은 환자이다. 피하고 싶은 장면이나 내용은 있어도 그런대로 감상한다.

그 다음날일 것이다, 건강 안 좋은 친정어머니가 일찍거니 오셔서 내 집에서 함께할 때이다. 지팡이에 의지하는 어머니가 바깥 공기가 그립겠다 싶어 남편과 셋이 생태공원으로 나간다. 어머니가 휠체어를 타고 가다 걷는 운동을 하겠다며 내리는데 본심은, 사위 걸음이 불안해 보였겠다. 어머니가 휠체어에서 내리면 남편이 올라앉고 그 사람이 내리면 어머니가 교대하는 나날을 보냈으나 그 모습이 훗날 내 모습 아니라고 단정 지을 수 없다. 이 또한 영화의 한 장면 아니라고도 할 수 없겠다.

병원은 지면이 고르므로 휠체어 밀기가 힘들지 않았으나 퇴원 후 집에 와서는 길 사정이 다르다. 편편한 긴 도로이건만 길의 물 빠짐을 위해 약간의 경사가 있다는 것을 평소에는 감지 못했지 싶다. 체중을 받는 휠체어는 아래쪽으로 쏠리므로 갯골에 빠질까 봐 손에 힘을 주게 된다. 휠체어를 밀며 오른손가락 두 개가 평소와 달라져간다.

간이 휠체어를 밀면서 손가락 한 마디 정도의 높이만 있어도 어른의 무게로 인해 구르지 않는다. 평상시의 대한민국 도로는 어느 나라보다 미끈하다고 여겼는데 편안히 갈 수 있는 곳은 경계석이 없는 곳뿐이다. 아니, 부실한 간이 휠체어를 사들인 것이 실수이다.

어느 날은, 남편이 앉은 휠체어를 밀고 오다가 그만 그 사람이 떨어지고 만 것이다. 조가비만 한 돌멩이 하나가 한적한 도로에서 휠체어를 방해하였지 싶다. 허리를 굽히고 나부작한 돌멩이를 집어 들자 놀랍게도 돌 아래 짓이겨진 민들레가 단추만한 꽃을 피워 올리고 있다. 나의 남편만 아픈 게 아니구나 싶어 동정이 간다. 밟거나 뭉개어져도 살아남아 자기 소임 다하는 들꽃을 보며 우리 부부는 생각이 많아진다. '플라시보 효과'*

가 따로 없다. 아니 이 또한 한 편의 영화가 되지 말란 법 없겠다.

　사람이 민들레보다 못할 수 없다는 듯, '툭툭' 털고 겨우 일어난 엉덩이 밑에 부실한 휠체어를 들이민다. 민들레 다칠세라 피해나가며 돌아보고 또 돌아보자니 나름 생각은 깊어진다.

　휠체어에 앉은 남편이 말한다. 자신이 내 몫까지 대신 아파하며 안 좋은 것은 다 안고 가겠다고 말하는 순간, 나는 할말을 잃는다. 하루에도 몇 번씩 번뇌가 일었으리라 짐작된다. 어쩌면 그 사람과 나는 환자와 보호자이자 간병인이 아니라 서로를 치유한다고 여겨진다. 아니다. 그는 배우이고 나는 감독이 아닐까 생각하며 엷은 미소를 짓는다.

　언젠가 시고모부가 병석에 있을 때이다. 일류 배우처럼 우아하던 시고모는 남편을 십삼 년이나 병간호하며 불평 한마디 없기에 존경하던 어른이다. 고모부가 세상 떠난 후이다. 그래도 생존해 있을 때가 좋더라고 살아생전 서로 마음을 다하라던 고모의 한마디를 잊지 못한다.

　어쩌면 내가 알게 모르게 남편에게 가볍게 던진 한마디가 민들레 가슴에 돌을 얹듯 짓누른 적은 없을까 짚어본다. 부부도 사람이다 보니 그런 날 없지는 않았을 터이다.

　그 사람은 휠체어에 의지하다, 지팡이를 짚고 세 발로 걷다가 지금은 두 발로 걷는다. 병원에서 그토록 딛고 싶어 하던 땅, 그리워하던 집 앞 갈대밭의 바닷가 내음 가득한 하늘 바라보며 감사를 느낀다. 인생길에 여러 지인에게 신세를 지듯 휠체어도 예외는 아니다. 휠체어의 걸음이 한

때는 남편의 다리가 되었으므로 사람이라면 귀하게 대접 받아야할 대상이다.

남편은 오늘도 날 밝기를 기다리다 새벽길 '뚜벅뚜벅' 걸어 나간다. 나는 그 사람의 곧게 옮겨지는 발걸음을 뒤에서 지켜본다. 걸음을 옮긴다는 것은 세상을 향한 일어서기이자 영화 같은 생의 꽃피우기다. 배우만 영화를 찍는 게 아니다. 우리 부부도 인생살이의 주인공, 영화 촬영가는 길에 나도 그 사람의 발자국 뒤를 따라 걷는다.

계절은 바뀌고 남편의 걸음이 달라져 간다. 나를 등지고 훌쩍 떠나간 계절은 늦봄, 아직 봄은 오지 않았다고 했는데 사는 게 착각이었나 보다. 그립다.

* 플라시보 효과 - 효과가 없는 약제를 진짜 약으로 생각하고 섭취하였을 때 환자의 병세가 호전 되는 것.

3부
꽃밥 먹다

죽과 밥 사이
꽃밥 먹다
커피와 녹차 사이
데칼코마니로 보이다
오아시스 같은 친구들
그물에 걸리지 않는 꽃
빈둥지증후군
수필을 짓다

죽과 밥 사이

건강검진으로 나의 내시경을 끝내고 죽을 쑤는 중이다. 녹두죽을 쑤며 문득 나의 큰아이 사랑니 뽑을 때가 떠오른다.

큰애가 사랑니를 뽑기 전부터 볼이 부어 녹두죽 쑤던 날이다. 세 식구는 죽으로 아침을 먹고 남편에게는 밥 한 공기를 내 놓는다. 죽을 먹으며 문득 오래 전의 일화를 따라가 본다.

오래전의 일화이다. 밤늦게 학교에서 돌아온 딸아이의 표정이 심상치 않다. 이유인즉, 그림 숙제를 해갔으나 남이 그려준 것이라며 점수를 안 좋게 주었다는 것이다. 그로 인해 하루 종일 학교에서 죽을 쑨 기분으로 지냈다며 울먹인다. 전날 밤, 그림 숙제를 하느라 새벽 시간까지 잠 못 드는 아이를 온 가족이 보았기에 억울하기는 어미인 나도 매한가지였으리라.

학교까지 찾아가 해명을 하자니 유난스러운 어미이지 싶어 주저앉았다.

그런다고 믿어줄 것 같지 않아서 그대로 지나고 말았으나 마음이 편할 리 없다. 실기 점수가 내신 성적에 반영되는 민감한 때이니 딸의 마음 십분 이해한다. 그날 내 기분도 죽을 쑤기는 마찬가지였으니까.

어미가 결혼할 때까지 미술과 관계되는 일을 하였기에 그림 숙제는 대부분 엄마가 해준 것이라며 믿지 않는다는 것이다. 작은애의 솔직한 표현을 옮기자면 '엄마라고 하나 있는데' 도움이 안 된다며 진담 반 농담 반을 섞어 엄살을 한다. 딸애의 유머로 웃어넘기긴 했지만 어미의 마음도 편하지만은 않다.

오해는 그뿐이 아니다. 그 애가 어릴 적에 '감자'를 읽고 쓴 독후감이 신문에 게재 된 적 있다. 그때도 주의에서는 엄마가 써준 게 아니냐고 왈가왈부했던 날을 소환한다. 종당에는 엄마와 딸의 문장력이 다르다며, 글 보는 눈이 트인 어느 지인의 결론으로 오해를 풀기는 하였겠다. 매번 어미가 도움은커녕 방해만 되므로 미안하기 짝이 없는 노릇이다.

어느 날은 남편이 돌아와 한마디 한다. 아내라고 하나 두었더니 도움이 안 된다고 넋두리를 해댄다. 누군가의 서류 작성을 대신 해 주었으나 안사람이 해준 게 아니냐며 믿지 않더라고 억울함을 호소한다. 남편은 수필가는 아니지만 오랜 세월 직장생활을 해온 덕에 모든 서류 작성에는 어려움이 없다. 어이가 없어 웃어넘기긴 했으나 나로 인한 가족들의 엄살은 그것으로 끝이 아니다. 그 후로도 몇 년간 오해는 환자의 죽사발처럼 따라다녔지 싶다.

하나, 아이들이 장성하고 그 애들을 따라갈 수 없을 정도로 내 실력이 밀리자 가족은 나로부터의 오해를 한 겹씩 벗기 시작한 것이다.

그날의 일 때문만은 아니겠지만 큰아이는 미대를 가라는 온가족의 추천에도 불구하고 진로를 변경하게 된다. 그림은 취미로 하고 싶지, 전공은 안 하겠다는 것이다. 다른 길로 들었으나 지금은 원하는 직장에서 제대로 살기에 고마운 일이다.

딸아이 또한 자기 적성에 맞는 방향으로 갔으므로 남을 탓할 일만은 아니다. 오히려 엄마로 인해 벌어지던 일들이 담당 선생으로 인하여 전화위복이 되어 제 갈 길로 갔으므로 이야말로 새옹지마이지 싶다. 인생에 죽을 쑬까 봐 미리 갈길 잡아준 격이 되었으니까.

오늘은 나의 감기 때문에 소화를 돕는 녹두죽을 쑤는데 물이 적었는지 밥이 되어 버렸다. 내 경우엔 죽 쑤는 일도 쉬운 일만은 아닌 듯하다. 죽이 되느냐 밥이 되느냐 사이에는 물과 불의 조절이 필요하지만 기다릴 줄도 알아야 한다. 살다 보면 죽을 쑬 날이 있고 밥지을 날도 있을 터, 밥은 밥대로 죽은 죽대로 정성을 다한다면 후회는 없겠다.

큰아이는 어마어마한 대상포진 후유증으로, 단 한 번 보는 시험의 기대치를 빗겨갔지 싶다. 그 몇 개 차이가 한 사람의 인생을 좌우한다지 않던가. 평생을 따라다닌다는 그날의 점수를 들고 큰아이는 지금 사회의 한 일원으로 밥을 잘 짓고 있어 감사하다.

하니, 밥을 하다가 죽이 됐다고, 죽을 쑤다가 밥이 됐다고 크게 실망하거나 크게 기뻐할 일은 아니다. 누군가에겐 밥이 필요하겠지만 건강검진하고 난 뒤의 나에겐 죽이 필요하다. 녹두죽이 다 돼간다. 아무리 그 죽이 좋다하더라도 다만 지나치게 긴 세월 죽을 쑤는 일만은 없어야 하겠다.

오늘은 새로 쑨 죽을 앞에 두고 온 가족이 아침상에 둘러앉는다.

꽃밥 먹다

소란스러운 창밖을 내다본다. 매화나무에 동네 새들이 모여 연둣빛 꽃송이를 따먹는다. 눈 내린 겨울날, 먹을 게 없어 굶은 새들이 좁쌀 크기의 작은 봉오리로 배를 채운다. 안쓰럽기 짝이 없는 모습이다.

한참을 바라보다 먹다 남은 빵가루를 방충망 열고 뿌려준다. 아쉽게도 내가 위협을 가하려는 줄 아는지 순간에 날아가 버린다. 식사를 방해했으니 크게 미안하다.

며칠 지났을 게다, 새들이 쪼아 먹은 나뭇가지에 꽃봉오리가 있을 리 없건만 남아있던 봉오리가 녹두알 만하게 올라온다. 새들은 아쉬운 대로 배를 채웠지 싶은데, 내가 감상할 꽃을 남겨두어 고맙기도 하다. 어느 동물이 꽃밥 먹으며 한겨울 넘길까 싶은데 함박눈에 비벼 먹어도 배곯지 않으면 안심이다. 새의 부리를 피한 매화가, 기어코 꽃을 피우고야 말겠다는 의지로 창 안의 나하고 눈을 맞춘다.

나는 아직 실내에서 털 스웨터를 입고 있건만 매화는 창밖에서 그 보드라운 목에 얇은 스카프조차 두르지 않은 상태다. 부드러움이 강하다고 하였으나 손으로 만질 수 없는 꽃잎이 강하면 얼마나 강할까 싶다. 눈 내린 날의 창밖을 내다본다. 매화 꽃봉오리가 함박눈 속에 덮여 보이지 않는다. 저 연약한 꽃 위에 눈은 내리고 쌓이고 얼기를 반복하니 말 그대로 '설중매'이다.

언제던가, 해외여행에서이다. 친구 셋이 뉴욕의 초겨울 거리를 걷다가 긴너편 거리에 앉아 구걸하는 '걸객'을 보고 놀란 적 있다. 걸인이 아니라 예술인 같다는 느낌이 들어서다. 초겨울인데도 소녀는 기타를 들고 거리에 앉아 있다. 방울달린 하얀 털모자에 깔끔한 연둣빛 담요가 마치 잘 피어난 꽃송이 같다. 기타소리와 노래에 반한 나는 한겨울 눈 속의 매화가 따로 없지 싶어 감동으로 연신 돌아본다.

몇 백 미터쯤 갔겠다. 또 다른 소녀가 큰길가에 앉아 하얀 강아지 한 마리 안고 책을 읽고 있다. 이 나라는 걸객도 교양을 게을리 하지 않는다고 감동하며 좋은 마음 안고 돌아선다. 미국의 걸객에겐 사랑과, 음악과 문화가 있다고 느끼는 순간이다.

걸음은 앞으로 걷고 있으나 목은 뒤로 돌아 가, 한마디 말이라도 걸어보고 싶다. 내가 사는 도시에서 못 본 풍경이라 생소하지만 반대편 길의 아름다운 소녀에게 받은 감동 진하고 진하다. 서양은 걸객조차 우아하구나 싶어 신선한 마음으로 돌아선다.

 서구의 '걸객'은 거리에 앉아 책을 읽거나, 기타를 치거나 강아지를 안고 미소를 보내온다. 삶이 할퀸 상처를 예쁘게 승하시켜 거리에 올리는 그들에게서 원망은 안 보인다. 구차함에 멋을 얹을 줄 아는 어려운 사람들이야말로 꽃처럼 아름다운 사람들이자 마음의 부자이다. 뉴욕의 거리에 앉은 소녀들은 이미 자신의 가난을 드러낸 사람들이지만 깔끔하게 예의를 갖출 줄 안다. 걸인이 아니라 하나의 직업으로 착각된다.

 문득 우리의 지하도가 그려진다. 침침한 지하도를 벗어나며 나의 뛰는 듯 빨라지던 걸음에 미안이 실리던 날을 떠올린다. 구차한 삶에 문화나 아름다움이 가당키나 한 말인가, 돌아보면 내가 먼저 밝아져야 하는 것이겠다. 미안하지만 내 욕심은 뉴욕의 걸객처럼 우리의 지하도나 거리가 밝아지기를 바람하는 것이다.

 꽃밥 먹는 창가 새들이 유럽 거리의 소녀들과 비유가 잘 안 맞는지는 모르겠으나 속임이 없고 겉이 구지레하지 않다. 그 깔끔하고 밝은 입성에서도 예의가 배어난다.

 여행에서 돌아온 후로 수시로 떠오르던 소녀들이다. 서양의 한 송이 '설중매'가 따로 없다고 두고두고 상기하며 먼 하늘 바라본다. 추운 겨울 거리의 걸인이지만 조용한 노래와 기타 반주로 동전 몇 닢에 보답하려는 소녀이다. 분명히 겨울 눈 속에 핀 한 떨기 매화였다고 인정한다. 그들은 받을 준비를 하고 있다. 동전 하나라도 거저가 아니라 조용히 노래하고 책을 읽는 모습에서 충분히 공손하다. '걸객'의 문화라고 해도 될까 싶다. 괜히 선진국이 아니다.

우리와 다르다는 점을 느끼며 내 주변의 어려운 이웃을 떠올린다. '내가 가난을 구제할 수는 없으나' 관심 가질 수는 있다. 그들은 남의 것을 거저 받겠다는 것이 아니다. 대가를 치루기 위해 준비하는 이들, 그들은 지금도 그 거리에 있을까 궁금하다. 그들로부터 받은 신선한 충격을 잊지 못해 '걸객'에 대하여 다시 쓴다.

커피와 녹차 사이

 커피나무를 사온다. 언젠가부터 커피나무 한 그루 키우는 것이 나의 작은 바람이었지 싶다. 하루 한 잔만 식후에 커피를 마셨으나 두 잔으로 늘어나며 커피나무 사랑은 시작 된다. 커피와 녹차 사이를 오가다보면 마치 이쪽저쪽 보며 지휘하는 클래식음악가가 된 듯하다.
 녹차를 들여다보면 커피보다 분위기 있으며 느림의 미학이 있다. 하나, 커피는 녹차보다 화끈하다. 내 경우 커피는 한두 잔으로 족하지만 녹차는 여러 잔을 마셔도 차분하게 맞아준다. 대부분의 차 '마니아'들이 그렇겠다. 녹차 한 잔의 여유 속에는 조용한 대화들이 오고간다. 마음 바닥에 깔려있는 말들을 하나씩 풀어내며 화를 다스리는 조용한 자리이다.
 커피는 첫잔을 선호하고 녹차는 두 번째 잔이 당긴다. 커피가 첫사랑이라면 녹차는 영원한 내 사랑이라는 비유를 단다. 있다면 적당한 거리를 두고 우아하거나 조용하게 살아가는 부부지간이 녹차를 닮았겠다.

차를 좋아하는 사람이라면 알고 있을 터, '사람의 성격이 다르듯 녹차 잔마다 맛도 다르다.' 처음부터 끝까지 맛이 같은 커피 한 잔하고는 그런 면에서 차이가 있다. 녹차는 재탕을 해도 맛이 달라서 좋고 커피는 첫맛과 끝 맛이 같아서 매력 있는 맛이다. 세상살이에도 그 두 맛이 다 들어있다고 느낀다.

한 친구가 떠오른다. 오래전 해외로 이민 간 친구가 들어와 맞선을 보겠다며 도움을 청해온 적 있다. 내가 보기에 신랑감이 괜찮으면 사이다를 주문하고 아니면 커피를 시키라는 부탁이다. 다방에 가면 모닝커피에 달걀을 한 개 넣어주던 시절이다. 나는 옆 사람의 눈치를 보며 스푼으로 저으려니 노른자가 터져버렸겠다. 비린 음식은 입에도 못 대는 식성인지라 그 커피가 고문이었으리라. 그 때문일까, 순간 나는 문제없이 커피를 주문하고 만다. 크게 결점이 없는 신랑감을 친구는 이미 자기 짝으로 결정한 상태였지 싶다. 하나, 나는 눈치 채지 못한 것이다. 그 친구 지금 미국 땅에서 떵떵거리며 살고 있다. 내게 여행 오라고 졸라대니 고마운 말이다.

녹차에도 일화는 있다. 녹차가 처음 상품화될 무렵이다. 임의로운 친구네 놀러가니 퍼런 물 한 잔 내놓는다. 나는 켕기지 않았으나 후각으로 냄새만 맡고 밀어버린다. 댑싸리 삶은 물을 왜 주느냐고 했을 것이다. 이렇게 좋은 차를 왜 싫다고 하느냐며 친구 남편이 얼른 끌어다 마셔버린다. 공교롭게도 그 친구 부부도 해외로 나간 지 오래되었으므로 커피나 녹차는 해외파하고도 인연 깊은가 보다.

 녹차 앞에서는 예의를 갖춰야 해서 느림의 미학과 줄긋기가 된다면 커피는 화끈한 전위예술가 같다. 커피는 선 채로 마실 수 있어 바쁜 세상에 부지런히 움직여야 하는 이들에게 적당하다. 내 나름대로라면 피곤한 머리를 달래기에는 녹차가 걸맞다. 하면, 너무 느리다고 혹은 급하다고 타박할 문제 아니다. 차의 맛이 문제라기보다 인성의 간 맞추기가 우선일 테니까. 커피와 녹차 맛을 갑론을박하기에 앞서, 영혼 없는 말보다 진실한 말을 우러나게 해야 할 터이다.

 커피가 동적이라면 녹차는 정적이며 안으로 불러들이는 차이다. 커피는 자투리 시간을 이용할 수 있으나 우리의 전통 차는 제대로 된 시간을 만들어야 그 안에서 여유를 누릴 수 있다. 뜨거운 커피 맛이 있다면 적당한 온도에 천천히 우려내는 녹차 앞에서의 대화는 정리가 된다. 따끈한 차가 아니면 내가 추워지는 나이다.

 '천구백칠십칠 년일 것이다. 스물두 곡의 음악과 지구의 소리가 담긴 한 장의 레코드판이 백십오 장의 사진과 함께 보이저 호에 실려 우주로 날아갔다.' 얼마 전, 우리 시조 시인의 작품이 우주로 날아갔다고 들어오는 터이긴 하다. 그때 우리의 전통차도 함께 실려 갔다면 우주에서도 차 한 잔의 여유가 있지 않았을까 하는데 우주 발전에 여유란, 시기상조는 아니겠다. 우주에서 음악을 들으며 마시는 차는 앞날에 또 다른 차마고도가 될 터이다.

  행복을 주는 차 맛이 내 안의 맛이라면 좋겠으나 나는 살아오면서 어떤 생을 살았는지 모르겠다. 커피 맛인가, 녹차 맛인가 바늘 끝만큼이라도 내 온도를 전할 수 있다면 비호감의 이미지는 벗어날 것이다.

  주말이면 집에 오는 아이들과 마시는 차는 내게 주어진 여유다. 거실의 두리반 앞에서 식후에 차 한 잔으로 정을 나누는 시간이 좋아 차를 마시노라면 따오기의 빨간 볼처럼 상기된다. 집안에서나, 밖에서나 차 한 잔은 좋은 사람과 마주하게 해준다. 향과 예와 정으로 또는 멋으로 그 분위기를 아우른다.

  오늘은 절친에게 전화 넣고, 주전자에 찻물을 붓는다. 눈물이 '그렁그렁'하다. 달려온 친구가 속을 털어놓자, 땅콩 줄기라도 잡아당긴 듯 줄줄이 가슴 밑바닥 부화가 딸려 나온다. 나도 털어 놓는다. 탱자만 한 보이 찻잔에 속 얘기가 담긴다. 둘의 속내가 마중물 되고 있다. 이해와 우정이 순환되는 자리이기도 하다. 우정이라도 그 이상의 합은 드물지 싶다.

데칼코마니로 보이다

어느 휴일이다. 친구가 온다는 연락 받고 뛰어나가려니 그야말로 '번개팅'이다. 둘이서 자연 속 앙꼬처럼 앉은 전통 카페를 찾아간다. 내 집 문 밖을 나서면 시골길 오분 거리에 친정집 같은 카페가 한 채 있다.

친구와 동승한 차가 카페 입구로 들어서자 주변에서 나무를 심던 사람들이 의아하게 바라본다. 야릇한 표정이 우리를 주춤거리게 만드는데 들어가도 되느냐고 물었겠다. 괜찮다며 정문을 안내하는 그들 표정이 어정쩡하여 영문을 알 수가 없다.

사대부 집의 대문 같은 육중한 나무문을 밀고 들어선다. 카페안 분위기가 고즈넉하다. 대추차 두 잔 주문하고 기다리는 중이다. 잠시 후, 주인이 개량 한복차림으로 사뿐 걸어 나온다. 같은 여자가 보아도 자태가 곱다. 커다란 나무 쟁반에는 진수성찬이 차려진 상태이다. 우리가 주문 안했다고 당황해하자, 안주인의 웃으며 하는 말 있다. 개업했는데 우리가 첫날 첫 손님이라는 게 아닌가.

 시루떡과 물김치에 수육과 굴회와 집에서 만들었다는 찹쌀강정까지 맛깔스럽다. 점심 식사 후이면서 맛있게 먹을 것 다 먹고 상을 물린다. 그제야 시퍼런 지폐를 물고 앉은 돼지머리가 아니라, 천으로 만든 돼지머리 저금통이 보인다. 그 발상이 재미있어 파안대소다. 첫 손님이니까 지폐 한 장 올려놓자고 말을 맞춘다. 지갑 열고는 서로에게 마땅한 지폐가 없는 것을 확인하고 난감해 한다. 친구가 조용히 기도하고 무종교의 나는 속으로 기도를 보탠다.

 그녀는 찾아줘서 고맙다하고 우리는 후한 대접 받았다며 번창하라는 인사를 남기고 돌아선다. 순간, 시루떡 두 봉지 안겨주는데 주인만큼이나 따뜻하다.

 같이 온 친구의 남편이 갑자기 세상 떠난 후, 상실감으로 찾아온 곳이다. 뜻밖의 호강이기에 이게 새옹지마 아니겠느냐며 마음 달랜다. 우는 날 있으면 웃는 날도 있다며 어느새 자그마한 카페와 소통하게 되었지 싶어, 정 한자락 깔아둔다.

 그 후 몇 년이 흘렀는지 모르겠다. 생각만의 시간을 멈추고 그 친구와 나는 아직도 미련이 남은 전통 카페를 가보자고 날을 잡은 것이다. 가끔 떠오르던 카페로 달려가는 마음 들뜨자, 앉은 자리는 안마의자가 되어준다. 멀리 카페가 눈에 들어 찾아들면 그 카페가 아니고 아니다. 주변의 나무가 무성하게 자라 어디가 어딘지 알 수 없는 상황이다. 헤매다 겨우 찾아간 곳에서 카페 얘기를 전해 듣는다. 오래전 폐업했다는 안타까운 소식이다. 나 혼자 좋아했으니 짝사랑이지 싶다. 그사이 변화무쌍한 일이 많아 못 왔는데 왜 폐업한 카페에게 미안한지 기분이 묘하다.

누군가, '베아트리체는 남자들이 가슴에 품고 사는 짝사랑의 대명사이자 남자를 구원해주는 구원의 여성'이라고 했으리라. 하면, 내겐 짝사랑하는 남자의 대명사가 단테 아니었을까 억지를 부려본다. 십여 년 전, 첫 눈에 반한 전통카페는 이미 내게 단테가 되고 있다. 비유가 안 맞는지는 몰라도 나의 느낌은 그러하다.

아니면 전통카페가 나 살던 고향집과 흡사해서인가, 그것도 아니라면 로마의 유명한 건축물 판테온과 우리 집, 한옥의 지붕끼리 닮아서 정이 가는 것인지 모르겠다. 크기는 달라도 지금 남아있는 판테온 건축물이 지나치게 화려하거나 심하게 초라하지 않아 마음이 갈 수도 있으리라.

그 후, 양○무 교수의 강의에서 신기하게도 판테온에 대해 자세히 듣는 기회가 주어졌겠다. 판테온과 석굴암의 설계도가 거의 같다는 것. 놀라운 강의에 작은 눈이 커진다. 하면 비유로, 우리 집 초가지붕과 판테온도 흡사하지 않을까 싶다. 겉만 보았으니 정확하지 않아, 엉뚱한 나의 상상은 아닐까 한다.

하여, 사라진 카페에 서운해 하며 돌아서려니 마치 나의 잘못이라도 되는 듯 마음이 무겁다. 카페도 카페지만 안주인의 참한 됨됨이와 친절에 매료되었지 싶다. 그 심성 고운 여인이 없다 해도 카페를 찾아 나섰을까 스스로 반문하는 중이다. 만나고 싶은 여인과, 첫 날 첫 손님으로 대접 받던 기억이 지워지지 않는다.

  일생을 장사와 농사하며 살아온 어머니의 한마디가 있다. 손님 중에는 안 팔아줘도 고운 사람 있고 팔아줘도 미운 사람 있다했으니, 서로 상거래에 대한 예의는 당연지사다. 의사는 의술이 있어야 하겠으나 친절도 따라야 하고 음식 장사는 손맛이 있어야 하지만 친절은 그 이상이라야 된다고. 사람과 사람의 관계는 친절 더하기 편안함으로 이어져야 할 터이다. 업소는 분홍빛 정이 아니라 주인과 손님 사이에 서로 예의가 있어야 하고 종교인은 믿음과 종교적 사랑이 있어야 할 것이다.

  사라진다는 것은 다시 생길 수 있다는 약속이나 다름없다. 오늘은 집에서 남은 물감을 들고 앉아, 지나온 길 위에 나아갈 길을 얹어 접고 펼치기 해본다. 양 날개 뚜렷한 나비 모양이 '데칼코마니'로 펼쳐진다. 그 그림이 보여주는 것은 앞날 역시 내 성격이 만들어가기에 사는 날, 전후가 크게 다르지 않다는 뜻이겠다. 나빠지지 않는다면 잘 살아가는 것이라 믿고 있다. 순수한 친구와의 앞날도 양쪽이 같은 '데칼코마니'로 펼쳐질 터, 오래도록 변하지 않으리라 다짐하는 중이다.

오아시스 같은 친구들

    오래전 친한 친구를 처음 만나던 날이다. 갑자기 귀한 인연이 된 친구는 꽃나무 하나를 건네준다. 본 듯한 나무인데 화분에 심으라며 의미를 담은 듯 웃고 있다.

    조촐한 꽃나무, 그 자그마한 나무를 받아 들고 행복해하는 순간 코끝에 닿는 향기가 생각과 다르다. 이토록 소박하고 아름다운 꽃에 전혀 어울리지 않는 향기가 있어 새삼스럽기도 하다. 조촐하고 아름다운 꽃에서 어찌하여 강한 향내가 나는지, 보기와는 전혀 달라서 알고 보니 그 이름 누리장나무라 하였겠다.

    내 집 선산에 있던 나무, 산비탈이나 골짜기에 서서 여기는 위험지대이니 발밑을 조심하라고 알려준다는 고마운 나무다. 산에서 보는 누리장과 도시에서 보는 누리장은 전혀 다르다는 느낌이다. 그 나무에서 열리는 작고 검푸른 열매는 어느 나라 공주나 간직할 보석인 양 매혹적이다.

지금 그 공주 같은 오래된 친구, 평상시에는 철없다고 여겼으나 놀랍게도 청자색의 고혹적인 누리장나무 열매를 닮아 있다. 입성도 조출하니 절제된 우아미가 있다. 그 사람의 입은 옷을 보면 직업과 성격, 나아가 됨됨이까지 보인다고 했겠다.

외모에서 풍기는 느낌이 꽃보다 아름다운데 변변한 무기가 없다면 온갖 벌레가 꼬여들 터, 강한 향기를 지녀 자신을 지켜내는 방법이 가상하다. 그 친구, 아름다움과 선함과 매력까지 부족한 것이 없는데 향기마저 그윽하다면 어찌될까 싶다. 건드리지 않으면 특이한 내를 풍기지 않는 누리장나무, 감정을 다룰 줄 아는 사람 같다.

아직도 그 나무의 꽃향기가 내 후각을 어리게 한다. 스스로 강한 향기를 지니고 최선을 다해야하는 처지의 꽃을 폄하해서는 안 되리라. 꽃이 아름다운데 향기까지 그윽하다면 누리장나무가 아니라 가시를 달고 서있는 장미일 것이다. 누리장나무도 가시를 달아야 한다면 강한 향기는 돌려보낼 수 있겠다.

그녀와는 성격이나 가치관과 모습까지 전혀 다른 듯하나 매력 있는 다른 친구가 있다. 전자의 친구와는 성격이나 모습 혹은 행동과 사고가 다르며 주관도 뚜렷한 여인이다. 그녀는 우윳빛 피부에 외모가 수려하며 성실하고 단정한 성격이다. 뭇사람들의 시선을 받다보니 타인을 부담스러워 하는 입장이기도 하다. 외모지상주의도 아니건만 남을 의식하여 무기

하나 갖게 되었겠다. 직장 생활하면서도 타인과 차 한 잔은 물론이요 식사 한번 못하는, 아니 그만큼 바쁘고 절제된 사람이리라. 주변 사람의 지나친 시선이 그녀에게 함축된 언어와 행동을 갖게 한 것이지 자의에 의한 것은 아니리라. 스스로 살아남기 위해, 뭇 시선을 방어하려고 자기만의 철학을 지녔다고 짐작 된다. 그런가 하면 자기 하는 일에 능력이 있어 뒤처지지 않는 사람이다.

두 여인은 성격과 외모가 다르고 내가 따라갈 수 없지만 정이 많은 친구들이다. 서로 다르나 오래도록 잘 조화되는 것은 이해심 많은 데서 오는 어울림이다. 한 여인은 고운 공주 성향이고 한 사람은 개성이 강하고 내게는 오기가 있으니 서로 다른 장점을 하나씩 지니고 있다. 보이는 게 다가 아니라고는 하나, 감추는 게 없기에 오히려 보이는 게 다인 점에서 상통한다. 주변에 흠 없는 사람이 얼마나 될까 싶기도 하다.

A 친구가 누리장을 닮았다면 인성과 입성이 뛰어나고, 꾸밈이 없는 B 친구는 민들레를 닮았다. 한겨울 모진 바람 앞에서 혹한을 이겨내고 봄이면 소리 없이 새 잎 피워내 부지런히 꽃대 올리는 민들레를 모를 리 없다. 그 기질을 닮아서 치이면 치일수록 강하게 살아내는 여인이다.

하면, 내가 원하는 꽃도 있다. 이른 봄날 온 산야에 가장 먼저 피어나는 진달래라면 좋겠으나, 봄바람 스산하고 초연하지 싶어 토담집 양지쪽에 수줍게 피어나는 봉선화를 선호한다. 나를 기억하는 사람들의 손끝에서 아름답게 물들어, 첫눈 내리는 날까지 오래도록 가슴 설레게 할 테니까.

봉선화는 시골집 담장 밑이나 장독대 옆에 자리하고 있어 사람과 혈을 섞는 꽃이니까.

누리장과 민들레와 봉선화, 어울릴 것 같지 않으나 공감대를 이루는 우정의 관계이다. 어찌 보면 하나같이 정확하고 진실해 오래가는 친구가 되었겠다. 긴 세월 만나도 처음처럼 진솔하고 뒤집어짐과 감추는 것이 없어 편안하다. 꽃이나 동물을 사랑하는 사람이 정도 많으리라고 여기는 것은, 정은 사람의 따스한 향기로 한마음에서 나온다고 믿어서이다. 어느 꽃이나 꽃이 먼저이고 다음에 향기를 부여받았지 싶은 것이다. 코끝에 스미는 향의 종류가 친구를 결정하는 게 아니라 받아들이는 정도에서 냄새와 향수로 나눠지듯 우정도 그렇다는 뜻이다.

곁에 머물게 할 사람은 멀리 두고 두지 말아야 할 사람은 가까이 두다 보면 내가 멀리가고 있다는 것을 느낀다. 주변이 공허하다면 살아가는 세상 무의미 하겠다. 진실한 '립 서비스'와, 고단한 어깨라도 의지하고 어울리며 세상 끄트머리까지 이어져야 할 사이가 친구이다. 하여, 서로 마음 털어 놓아도 신뢰할 수 있는 사람됨이 우선이겠다. 사막에서 만난 오아시스처럼 서로 신뢰하며 휴식할 수 있어 고마운 친구들이다.

다음 주 토요일쯤으로 약속을 잡고 핸드폰 달력에 동그라미를 해둔다.

그물에 걸리지 않는 꽃

.

　멀리 야트막한 산에 공터가 있다. 그곳에 호박 모종 몇 포기를 심는다. 장터까지 나가 거름 한 포를 사다, 몇 구덩이에 포근하게 묻어준다. 뒷날 다시 만나자고 귀엣말을 주고 돌아온다.
　집에 돌아온 다음날, 하늘이 내 대신 호박에 물을 주어 고맙기 이를 데 없다. 서쪽 하늘 바라보며 성급히 가을을 떠올린다. 먼 곳에 심은 호박이 궁금하면 동네 앞으로 나가 남의 밭 언저리에서 서성인다. 툭하면 호박꽃 송이에 붙들린다. 그 꽃이 기특하여 손 전화 카메라를 들이댄다. 용하게도 그물에 걸리지 않는 호박꽃이 카메라에는 잡힌다. 안 그래도 사초하는 날 심은 호박 모종이 살았을지 가보고 싶던 참이다.
　이윽고 가을 되어 두어 시간 달려 산속으로 찾아든다. 소풍 가서 보물찾기라도 하듯 다가가며 살폈으나 십여 미터 밖에서 아무리 봐도 호박 덩굴은커녕 닮은 것도 없다. 그야말로 그물에 걸릴 것조차 없는 덩굴이니

괴이한 일이다. 한편으로는 살아만 있어 달라는 간절한 마음이었으나 또 한편으로는 무성한 호박잎을 기대했으리라.

호박구덩이까지 바짝 다가서다가 가족을 향해 환성을 올린다. 땡볕 아래 제 몸 익혀가는 대여섯 개의 호박 덩이를 발견한 것이다. 흥분한 마음으로 어루만지고 안아보다가 다섯 덩이를 자루에 담는다. 덩굴은 없으므로 잘라낼 도구조차 필요 없다. 산에는 나무만 열매 맺는 줄 알았으나 채소의 열매가 작은 수고의 보답을 안겨준다. 자그마한 쪄먹는 호박 두어 개는 까치밥처럼 그 자리에 두기로 한다.

덩굴 없이 척박한 맨땅에 굴러다니는 호박의 수수께끼 같은 문제를 함께 짊어진다. 혹여 산에 드나드는 누군가 호박잎을 따갔다 하더라도 덩굴은 있어야 하건만 귀신이 곡할 노릇이다. 호박 자루를 메고 내려오며 생각은 사라진 덩굴에서 벗어나지 못한다.

며칠 후, 저녁 뉴스시간이다. 산 짐승들이 농부를 해쳤느니, 농사에 해를 입히느니 뉴스가 흘러나온다. 짐작대로 내 호박농사에 손을 댄 범인은 산 짐승이 맞다. 호박이 둥글다 보니 붙잡을 손이 없어 먹기에 불편하였을 테고, 먹기 쉬운 덩굴만 사라진 것이다.

따지고 보면 사람이 노루나 토끼 또는 멧돼지의 영역을 침범한 탓일 터이다. 그럼에도 산에 사는 동물들이 농사를 파헤쳤다며 그 녀석들의 터에 말뚝 박고 그물 치며 보복을 한다. 올가미에 걸린 동물들은 벗어나려고 발버둥 치다 끝내는 살아남지 못하니 이야말로 적반하장 격이다. 글로 남기기조차 무서운 일화를 읽은 적 있다. 올무에 걸린 짐승이 자기 발을 갉아내고 탈출했다는 혹독한 고통에 고개를 돌린다.

　어느 밀림의 작은 마을에 사는 한 아버지가 표범에게 어린 딸을 잃고 만다. 그럼에도 그 아버지는 화를 낼 수 없다고 하였겠다. 숲은 표범들의 집이기 때문이라고 말한다. 그는 남매를 둔 아비로서, 수도자 이상인지라 가슴 먹먹하다. 우리가 짐승들의 집에 무단 침입하여 귀한생명 함부로 하였으므로 죄지은 손이다.
　다음 해에는 그곳에 호박씨를 놓지 않겠다고 다짐을 하고 있다. 짐승들의 영역에 씨를 놓고 먹었느니, 파갔느니 하는 굴레를 씌워주고 싶지 않아서이다. 자연 그대로 둔다면 그들만의 자유로운 세상에서 걸려들 일이란 없을 것이다. 덩굴 없는 호박은 동물들이 내게 보내는 성찰의 경고장이지 싶다 '동물을 구한다고 세상이 바뀌지는 않지만 동물들의 세상은 바뀐다.'고 하였겠다. 내가 짐승이 아니라면 유념해야할 말이다.
　산에는 튼튼한 나무와 산짐승이 있어야 하고, 들에는 땀 흘리는 농부와 풍성한 농작물이, 사회에는 법 없이도 믿고 사는 사장과 직원들이 함께 어우러져야 하겠다. 그러한 곳에는 걸려들 일이 없을 테니까.
　굳이 세상이라는 그물에 걸려야 할 이가 있다면 그는 선하지 못한 사람이지 산짐승이 아니다. 솔직히 내가 무단침입해서 경솔하고, 무단 경작하여 이기적이고 생명을 가볍게 여겨 죄스럽다.

노벨문학 수상자, '르 클레지오'는 상상에도 영역이 있다고 했으니 놀라운 말이다. 하여, 되는 상상이 있고 안 되는 상상이 있을까 고민하게 되는 순간이다. 동물들이 사는 영역과 내 상상의 영역에 다른 점이 있다면 전자는 생명과 결부되고 후자는 법적인 문제가 따르지 않는다는 점일 게다. 그물 없이 마음껏 드나드는 상상이라고 해서 죄가 안 되고 걸릴게 없는 줄 알았다. 하나, 고정관념의 틀을 넘어서 도덕과 질서의 문제에 걸려드는 것이다.

그뿐만이 아니다. 영화, 「별들의 고향」 이 감독은, 상상이 많아 공부를 못했다고 했겠다. 조회시간에 국기게양대를 바라보며 자신이 게양대를 타고 올라가는 상상을 했다는 것이다. 남들이 그 올라가는 자신을 바라보며 부러워하는 모습을 떠올리다 혼자 즐거워했다고 했으리라. 이 감독의 게양대를 오르는 수직 상상은 앞날을 엿보게 만든다. 그 감독의 재능은 이미 그 순간에 시작된 것이다. 결국 그의 숱한 상상은 작품을 낳고 영화는 대중 속으로 파고들었으니 영화계의 대부가 되었겠다. 그는 지금 노신사의 길을 걷고 있다. 앞날 또한 상상하며 지나온 절벽을 내려다보는 한 영웅은 어쩌면 영화계의 조나단이었지 싶기도 하다.

촘촘한 세상 살아가는 방법에 호박꽃이 꽃다우면 나는 사람다워야 할 것이다. 그 어느 곳에서도 걸려들 게 없는 세상이 되려면 한 사발의 따뜻한 마음은 기본이다. 산짐승은 산에서 놀아야지 마을로 내려오면 문제가 시작된다. 내가 산으로 가면 문제가 없다고 할 수 있을까, 보이지 않는 믿음은 호언장담이지 싶다.

  그물에 걸리지 않는 호박꽃은 양쪽 그물 사이를 뚫고 나왔던 것이다. 인간과 동물의 관계가 그럴 수 있을까 하는데, 생명과 질서의 문제이리라.

빈둥지증후군

　남매를 출가시켰을 때다. 친구들은 이구동성으로 얼마나 홀가분하냐고 묻는다. 정작 나는 아무런 느낌이 오질 않아 난감한 것이다. 두 아이가 직장과 학교 근처에서 살았으므로 결혼을 했는지 안 했는지 실감 나지 않았던 것이다.
　그러구러 얼마가 지났는지 모르겠다. 다른 건 몰라도 어려웠던 시절, 못 해주었던 것들과 힘든 일들로 미안한 생각에 잠을 못 이룬다. 급기야 외출을 삼가고 방안에 칩거 하면서 나의 일만 했겠다. 내 방 책상에 노트북과 어쩌다 걸려오는 전화와 티브이와 해우소가 안에 다 있으니 거실조차 나갈 일 많지 않았으리라. 겨우 물 마실 때나 끼니를 때우러 하루 세 번 주방을 드나들었을 것이다. 시멘트벽 아파트에 갇히기 전에 사춘기 아닌 육추기로 닫혀버렸지 싶다. 만나고 싶은 사람이나 가고 싶은 곳, 먹고 싶은 것이 있을 리 만무하다. 아니다. 그게 빈둥지증후군이라고 늦게야 깨달은 것이다. 누군가에게 나의 상태를 털어놓으면, 복에 겨웠다는 소리들을 게 빤하겠다. 누군가를 붙들고 말 할 수 없는 입장이었을 것이다.

한 친구는, 혼사를 자기보다 늦게 시작해서 먼저 끝냈다며 부러워하고 어떤 지인들은 혼기 놓친 애들이 하나둘씩 있다며 엄살을 한다.

이제야 서서히 두 아이가 공부하던 책들과 입던 옷가지와 수족관 속의 기르던 물고기가, 눈시울에 '카타르시스'를 얹는다.

큰 녀석은 애지중지하던 수족관 가져갈 생각을 안 하고 있다. 알고 보니 가끔씩 와서 수족관 물 갈아 주고 이끼를 제거한다는 속셈이다. 한 번이라도 더 제가 살던 집에 들러 가려는 헤아림이다. 깊은 심중을 나중에야 알고 코끝이 맵다. 십 여 마리에서 백여 마리로 불어난 물고기다. 그 가족에게 매일 아침 먹이 주고 이틀마다 물 보충 하노라면 큰 녀석이 떠오른다. 물고기들 때문에 내 아이들과 통화하고 문자 넣는 날이 많아진다.

둘째에게도 공부하던 책을 가져가라고 했더니 집에 두고 딸 보듯 추억하라는 답변이다. 쓰던 가방도 그 자리에 두고 싹 쓸어가지 않는 것은 제 부모의 마음 헤아리기다. 아이들 떠난 빈방에서 아들과 딸을 만나 대화를 하듯, 푸른 꼬리의 물고기와 말을 나눈다.

딸아이가 사준 화장품이나 립스틱을 바르며 그 때마다 그 애를 그려본다. 슬며시 미소 짓기도 한다. 늘 유머와 함께하는 엽렵한 아이들의 반편이 엄마다. 아이들이 쓰던 빈방에 들어가 방금 도착한 문자 메시지를 확인하며 수액을 찍어낸다.

이렇게 살면 안 되겠다 싶어, 내 실력을 쌓는 작업을 하기로 결정하였겠다. 그 후부터는 오히려 내가 바빠서 집에 못 오는 아이들이다. 엄마는 지구를 구하나 봐. 왜 그렇게 바쁜 거냐며 제 오빠에게 문자를 보내자, 지구를 구해도 심하게 구한다는 답장이 왔더란다. 지구를 구하더라도 일주일에 한 번은 쉬어야 한다며 백년손님도 한마디 거들었다나. 이러다 우리 가족 영원히 못 만나는 게 아니냐고 했다는 큰아이의 말을 종합해 들으며 빈방에서 빈 벽을 보고 웃는다. 각자 짝 찾아 떠나고 없는 방에서 비로소 아이들이 더 잘 보인다. 지난 날 두 아이의 웃음소리와 재치가 가득하던 두 개의 방이 간만에 빛을 보겠다. 사는 날의 순리다.

떠날 때 되면 떠나고 올 때 되면 오는 것이 사는 맛이다. 누가 빈둥지증후군이라고 했는지 옳은 말 아니다. 제짝 만나 자기자리 찾아간 아이들이 내게 남겨준 고요속의 프리즘이다.
요즘은 내 아이들이 바쁘다. 기다려진다.

수필을 짓다

 오래전 미래에 대한 나의 큰 그림은 소설가나 화가였지 싶다. 하여 수채화와 유화를 그렸겠다. 이어 조각을 하다, 아니지 싶어 붓글씨로 전향한 적이 있다. 그런가 하면 시를 쓰고, 잠깐은 장편과 단편 소설을 쓰다가 그 끝에 만나게 된 형식이 지금까지 붙잡고 있는 수필 짓기다. 먼 길 돌고 돌아 현재에 이르기까지 여러 장르를 넘나들었지 싶다. 여기저기 기웃거리다 허송세월 했다고 여겼는데 돌아보니 그게 아니다. 여러 장르가 내게 수필을 짓게 하는 바탕이 되어준 것이다.
 솔직히 수필을 이야기 하자면 내 나이 사십으로 거슬러 올라가게 된다. 찬바람 '솔솔' 불면 영락없이 다가오는 초가을의 사추기, 그게 우울로 이어질까 싶어 덜컥 가슴 내려앉던 시절이다. 사춘기보다도 무섭던 당시, 수필을 만나지 못했다면 지금도 무서운 고독의 늪에서 헤어 나오지 못했겠다. 해마다 가을바람 불면 찾아오던 고질병은 고맙게도 수필을 쓰며 감쪽같이 사라졌으므로 절이라도 하고 싶은 심정이다. 하나, 어쩌다 가끔 선선한 바람 불라치면 슬그머니 그 사추기가 고개를 들까 싶어 더럭 겁이 난다. 다행히 지금은 수필이 동행해 준 덕에 치유되었기에 그 같은 걱정은 안 해도 된다.

  말주변 없어 글로 풀어내다 보니 말로 하는 것보다 수필로 구체화시켜 자신의 모든 것을 진솔하게 털어내는 형식에 매료되어 간다. 굼벵이도 구르는 재주가 있다고 했겠다. 주변머리 없어도 푸념하지 않는 성격이 오히려 수필 쓰기에 큰 도움이 되었지 싶으니 전화위복이다. 가끔은 지나치게 솔직한 탓에 부끄러움 없지는 않으나 그것이 수필인의 자세이지 싶어 벗어나지 않고 그 길로 가는 중이다. 수필과 나는 천성적으로 찰떡궁합이므로 특별히 수필 쓰는 방법은 크게 내세울 게 없다.

  일찍이, 수필가 하면 피천득 선생과 수필가이자 시인인 '찰스 램'만 알던 시절이 있다. 내로라하는 수필가를 흠모하고, '모방은 창조의 원동력'이라며 문장력을 흉내 내 본 적은 있으나 언감생심 그처럼 유명한 작가가 되겠다고 욕심 부려본 적은 없다. 어떠한 이득이나 화려한 영광을 원하지 않는다. 다만 '끼'를 주체할 수 없어 수필인의 대열에 들다보니 삼십년 넘는 세월을 보내고 있다.

  외모와 달리 행동은 빨라서 섭생도 빠르지만 글은 예외여서 천천히 쓰는 편이다. 하여, 뚜렷이 '나는 이렇게 수필을 쓴다.'며 여봐란 듯 내 놓을 게 없는 입장이다. 《쉬운 말이 그리워》의 서문을 언급하건대 있다면 과거를 현재형으로 쓰려고 노력하는 정도다. 과거형의 글은 쓰기 편하거니와 글도 매끄럽지만 흘러간 과거에 오래도록 갇히고 싶지 않아 되도록 껄끄러운 현재형 문장 용어를 사용하게 된다. 평소 조바심내지 않고 현재에 만족하는 형이라 느긋한 성격 덕이라면 오히려 자만이 될까 싶기도 하다.

  대부분의 수필가가 그렇듯, 글 한 편을 수십 번씩 수정하고 교정하기에 나는 많은 책을 출간하지 못하고 있다. 책의 수보다 자신 없는 글의 질을 위해 손을 대는 작업에 길고도 긴 시간을 요하여 매사 늦는 편이다. 그야말로 누군가처럼 글의 공해가 되어 남의 시간을 빼앗을까 두려워서다.

  좋은 글을 짓던 문인이 어느 날 갑자기 전과 사뭇 떨어지는 책을 보내오면 적잖이 놀랄 때가 있다. 물론 누구나 다 좋은 글을 쓰기는 쉽지 않다. 좋은 글이 있는가 하면 그렇지 못한 글도 있다. 당연히 나도 예외는 아니어서 혹 내 수필집의 글들이 그러할까 싶어 개인창작집 선물하기에 두려움이 앞선다.

  여기 거론조차 민망한 한 일화가 있다. 어느 문우가 한 회원에게 자신의 창작집을 선물할 때이다. 그 순간, 쓰레기통에 들어갈 책을 왜 주는지 모르겠다는 말에 황당한 상황을 어찌 넘겨야할지 충격이 컸다는 말을 한다. 그런 일이 또 일어나서는 안 되겠으나 때로는 나일 수 있고 아닐 수도 있다. 같은 문인으로서, 그 후로 개인집을 받으면 더욱 축하를 챙기게 된다. 축하는 자신의 인격일 테니까. 굳이 말하라면 수필 쓰는 방법 중 가장 중요하게 여기는 것은 먼저 수필인의 자세를 갖추는 것이겠다. 그것이 나의 글 쓰는 방법 중 첫 번째이기에 주변 인품 좋은 문인은 부러움의 대상이다.

  종당에 내게 있어 큰 그림은, 글을 쓰기 전에 사람이 되고자 하는 점이다. 그 자세가 안 되었다면 아직도 글을 짓는 수필가의 대열에 들 자격 부족하겠다. 하여 '나는 이렇게 수필을 쓴다'에서, 머리를 통해 따스한 가슴으로 수필 짓기에 도전중이라 말하고 싶다.

4부
어머니의 발톱

그날의 화장품
어머니의 발톱
재봉틀이 하는 말
나의 랍비
문신 선물
커튼콜 받는 날
시가 되고 싶다
새해를 마중하다

그날의 화장품

아침, 저녁 로션을 바를 때이다. 오래전 돌아가신 아버지와의 특별한 기억이 떠오른다.

내 어릴 적 아버지가 서울을 다녀오시는 날이면 앙증맞은 하얀 사기병 수십 개와 뽀얀 감돌* 모양의 덩어리를 한 짐씩 들여오시던 기억이 있다. 화장품 원료이지 싶은데 아버지는 그것을 동부묵처럼 뭉글거릴 때까지 정성껏 저어가며 녹여 낸다. 거기에 나름대로 여러 가지 재료들을 추가하시던 기억이 있다. 꽃잎을 우려낸 향수와 이것저것 조심스레 넣고 또 넣던 진지한 모습이 멋지게 떠오른다. 나의 유년 시절이라 성분과 제조 방법은 다 알지 못하지만 그 시절의 귀한 크림이다.

'북을 두 번 울리고 팔았다고 해서 동동구리무'라 불렀다는 그 화장품과는 약간의 차이가 있으나 크림의 일종으로 알고 있다. 무엇이나 궁핍하던 시절에 아버지는 한 차원 높은 영양크림을 만들어 냈지 싶다. 예쁜 병에

나우 담아, 내 집의 가게에 진열 해놓으면 '솔솔' 팔려나가던, 즐거운 기억은 덤이다. 크림을 만든 아버지가 신기해 그 연구를 내 어깨에 얹고 흐뭇해하던 때이다.

　동네 여인들이 사가던 화장품은 그 후로도 수년간 계속된다. 우리 집은 농사와 장사를 하였기에 아버지는 논 밭일로 바쁘기도 하거니와 구리무 장사 나갈 성향은 아니라 알고 있다. 화장품 제조하는 모습을 관심으로 지켜보던 내 유년시절이다. 그런 날이면 나의 입가에는 미소가 손톱 달처럼 걸렸으리라. 다른 아버지가 든든하듯 나도 자랑스러운 아버지가 있다고 인정하던 흑백영화 같은 지난날이 오늘의 힘이다.

　영화계에서 「기생충」이 오스카상 4개 부문을 수상하는 장면을 시청하면서도 아버지를 떠올린다. 아버지가 만든 구리무병의 상표가 '오스카'였으니까. 은색의 바탕에 영어로 'OSCAR' 오스카라고 표기됨을 따끈하게 끄집어내던 순간이 그 시상식 날이다.

　영화 「기생충」을 두고 빈부의 차이를, 지상에서 지하까지 수직으로 나타냈다고 평하였겠다. 어쩌면 내 아버지가 만들어낸 화장품이 열악한 창고에서 빚어냈다면 오늘 날의 화장품은 지상에서 연구한 고가의 화장품이다. 내게는 그 유명 '메이커'의 화장품보다 아버지 손으로 만들어낸 크림이 더 귀하게 여겨지는 것은 인지상정이다.

　누군가, 「기생충」의 감독이 '혼자서 각본, 각색, 연출을 해내는 일인 다역으로 영광의 자리에 올랐다'고 하던 말을 떠올린다. 하면, 나의 아버지도 원료 구입부터 화장품을 판매대에 올리기까지 혼자 도맡았으므로 존경스럽지 않을 수 없다. 화장품이 나오기까지 아버지나, 그 감독이나 얼마나 많은 열정과 혼신을 다했을지 짐작하고도 남는다, 재료수집과 공부와 숱한 실험과 보고 듣기에 전력을 다 했을 터, 밑바닥에서부터 완성품이 나올 때까지의 지난한 노력은 말로 다 할 수 없겠다. 그야말로 누군가의 '혼, 창, 통'이 따로 없다.

지난날에 누가 나의 아버지 뒷바라지를 했다면 지금쯤 대기업의 화장품회사는 아니더라도 자그마한 협력회사 하나 정도 차리지 않았을까 그려본다.

가진 것 없던 시절, '밀수나 PX'를 통해 몇 화장품이 겨우 들어올 무렵이다. 직장에서 어느 안노인의 초대를 받아 그 댁으로 찾아가게 되는데, 그날 노인으로부터 나부작한 유리병의 미제 파운데이션을 선물 받게 되었겠다. 그 화장품을 주며, 가다가 혹시 단속반에게 거니채거*든 선물 받았다고 하라며 단단히 일러주신다. 귀하게 여겨 손끝에 앵두 씨만큼 찍어 발랐으니 무엇이나 귀하던 시절의 일화이다. 어디에나 빈부의 차이는 있기 마련, 그날의 화장품은 오히려 순박한 기억이 되고 있다.

요즘은 각종 화장품이 허다하게 넘쳐나므로 물질만능을 실감한다. 얼굴이 팔초*하거나 역삼각형이라도 화장품 덕으로 계란형 미인을 만들거나 민낯을 감추기에 시각적 도움을 준다.

아버지는 거기에 최초의 화장품 일인자로 일조를 하였기에 딸로서 감읍할 따름이다. 이를테면 그 시대의 연구원이자 산업 일꾼이던 아버지는 외손자에게 흡사한 직업을 대물림하였으니 속일 수 없는 'DNA'가 경이롭다. 이보다 귀한 유산이 또 있을까 싶다. 하면, 그 시대의 크림을 낮춰 말할 일 아니다. 그 크림이 눈물로 발전하여 지금 세계로 나아가는 최고의 화장품이 되었을 테니까. 하지만 요즘의 크림에 질의 차이는 있으나 화장품을 고파하지는 않는다.

타인의 아름다움을 위해 자신을 혹사시킨 아버지의 지난날이 아까운 한편 자랑스럽기도 하다. 하면, 아름다워야 할 사람들을 위한 끊이지 않는 노력이 있어 오늘의 화장품에 이르렀겠다. 오래전 떠나간 아버지의 뒷모습을 그리며 아침저녁으로 감사하는 날이다, 오늘도 여인들은 아름다운 쪽으로 기울겠기에 나도 따라가 본다.

*감돌-유용광물을 함유하고 있는 광석.
*거니채다- 낌새를 대강 짐작하여 눈치채다.
*팔초하다-얼굴이 좁고 턱이 뾰족하다.

어머니의 발톱

친정 안마당에 들어섰으나 어머니는 안 보인다. 지금쯤 우물가에서 젖은 손으로 딸네가 오기를 기다릴 어머니는 뜻밖에도 안방에 누워 꼼짝 못하는 상태이다. 모로 누워있는 어머니를 흔들어도 반응이 없다. 평생 낮잠 자는 적 없는 어머니인 줄 알기에 깜짝 놀라, 어디 편찮으시냐고 흔들어도 미동조차 못한다.

한참 후에야 체한 것 같다고 운을 떼는 얼굴이 하얗게 질려있다. 약을 못 찾아드실 정도로 급체했지 싶은데 게장이 원인이었음을 알아내고 사위에게 손발 따 보라고 재촉한다.

하얀 실이 달린 바늘을 남편에게 건넨다. 바늘을 소독한 남편이 어머니 손을 따는데 손톱 끝이 딱딱하게 휘어져 바라보기 안쓰럽다. 손톱이라고 할 것도 없다. 그나마 풀 물든 손톱 끝은 조금 나은 편이다.

발톱을 따려하자 어머니는 쉽게 발을 내밀지 않고 계속 긴 치마 속으로 오므린다. 어머니를 도와드리려고 발을 잡아당기다 그때 밖으로 나온 알 발을 처음으로 살핀다. 순간 나는 그 발톱에 놀라, '아' 소리가 신음처럼 흘러나오는 입술을 깨물고 만다. 어머니는 열 발가락의 발톱이 거의 없는 상태이다. 딸이 되어서 너무 무관심했지 싶은데 말로만 하던 내 효도가 뭉그러져버린다. 오래된 당뇨도 나의 불효에 합세를 하였겠다. 어머니도 여자인데 그냥 엄마인 줄로만 알았던 것이다.

남편은 바늘로 양 엄지발가락을 따고는 새까만 피 좀 보시라며, 곧 체기가 가라앉을 거라고 태연하게 너스레를 떤다. 장사와 농사로 일에 묻혀 사는 어머니의 뜯겨져 나간 것은 발톱만이 아니라 엄지손톱도 몇 번 떨어졌다는데 할 말이 없다. 휴가는커녕 해외여행이나 그 흔한 모임 하나 없다. 오직 가게와 농사와 손주 키우기에 매달려 살기 바쁘던 어머니이다.

대부분의 어머니가 그렇듯 심지어 밑이 당겨 우리가 안 입는 속옷도 위에 천을 대고 고무줄 넣어 입는다. 실내화나 양말조차 새 것은 자식들에게 주고 어머니는 몇 번이고 이겨지도록 기워 신으신다. 요즘 옷이나 양말 기워 입고 기워 신는 사람 몇이나 될까 싶어 짜증내지만 소용이 없다.

오래전 친척 혼사에 갔던 날이다. 그날의 주례사가 단번에 하객의 마음을 사로잡아 지금껏 잊히지 않는다. 우렁이 엄마와 새끼들을 주제로 한 주례사가 감동을 얻은 것이다. 그때는 무심하던 우렁이인데, 지금은 누구나 알고 있는 우렁이 전설을 들을수록 아프다.

나야말로 엄마의 발톱과 손톱을 뜯어 먹고 살았지 싶으니, 우렁이 새끼가 나였다고 인정한다. 어쩌면 어머니가 주신 '마시멜로'를 그 순간 '홀랑홀랑' 먹어치웠지 싶다.

새끼 낳고 그 새끼의 먹이가 되어 죽어가는 우렁이 어미, 내 어머니도 다르지 않다. 새끼의 먹이가 되어버린 '빈 우렁이 껍데기가 논에 둥둥 떠가는 모습을' 유년시절 무논에서 본적 있다. 왜 속이 비었을까 궁금했는데 이제야 그 까닭을 알겠다.

새끼들은, 그 모습을 보며, "우리 엄마 시집간다."고 했다는 누군가의 얘기를 듣고 뉘우침이 많았으나 이미 때는 늦어버린 것이다. 어릴 적에는 미처 몰랐던 우렁이 어미의 새끼사랑. 어머니의 엄지손톱과 발톱이 우렁이 딱지를 닮은 점도 허투루 볼 일 아니다.

차라리 내 엄마도 아버지 떠났을 무렵 시집보냈으면 오늘의 우렁이 새끼 어미는 안 됐을 텐데 하는 늦은 후회만 있을 뿐이다. 어머니가 덜 늙은 여자일 때, 바리바리 혼수 장만하여 예쁜 차 태워 보냈으면 좋았으련만 내 어미 갉아먹고 사느라 느끼지 못한 것이다.

어머니는 일복 많아 시집가도 매일 밥상 차리고 물 길어 나르는 우렁이 각시로 살지 않을까 지레짐작하게 된다. 벌써 구십 후반에 이르렀으니 나의 가슴이 바윗돌처럼 무겁다. 그 잃어버린 일생을 어디서 찾아드릴까 싶기도 하다.

후세에 다시 태어나면 내가 어머니의 엄마로 태어나고 싶지만 마음대로 안 되는 게 환생이기에, 오히려 어머니가 딸이 되어 나를 평생 보듬게 될까 두렵다. 그나마 다행인 점은 아직 생존해 계시니 내게 기회를 주신다고 위안한다. 효를 깨닫게 하려고 어머니에게 긴 명줄이 주어졌다고 믿는다. 더 늦기 전에 무너진 발톱과 못 다한 효도부터 찾아드려야 할 일이다. 마음이 급하다.

재봉틀이 하는 말

유년 시절부터 재봉틀을 보며 살아온다. 바느질은 가게를 지켜야 하던 어머니의 취미활동 중 하나이다. 나갈 시간은 없어도 잠 잘 새는 있다는 비유적인 표현이, 바쁘게 사시던 단면을 보여준다. 어머니는 나의 옷을 자주 만들었는데 특히 운동회 날 겉에 입는 까만 반바지가 기억에 남는다. 그 반바지만은 싫어도 입어야했으니, 오래 입으라고 뻥뻥하게 만들어서 꺼렸을 게다.

교통사고로 갑자기 아버지 떠나고부터 어머니는 재봉틀 의자에 앉는 날 많아져갔다. 손에 일이 잡힐 리 만무하건만 아버지를 잊으려는 몸부림이었지 싶다. 그 모습 기억하며 내 마음의 시림을 떨칠 수 없다. 떼려야 뗄 수 없는 외로움을 옷감에 이겨지듯 새기던 모습이다. 이제야 진한 쓸쓸함이라 알아챈다. 발재봉틀 밟으며, 내 아버지와 북쪽 하늘 외가 식구를 향한 그리움까지 묻었지 싶다.

외가 뒤뜰의 자두나무와 마당 끝 감나무까지 밑그림으로 그려낸다. 내 옷이나 가방에 색실로 수놓았으니 그리움 새기기이다. 재봉틀 소리에 눈물 감추고 한 땀씩 줄 맞춰 희망 이어가던 모습 안타깝다. 그 옷은 안으로 삭혀 눈물로 지어낸 작품이다. 따라서 눈 밑은 진한 눈물로 검붉다. 그럼에도 주름 하나 없더니 떠나간 식구들 보고픔으로 까칠하게 변해 간다.

다른 부부가 나란히 나들이하는 모습 보며 어머니가 얼마나 부러워했을지 비로소 짐작된다. 내 남편 대수술 후, 누웠을 때야 어머니의 외로움을 크게 깨닫는다. 나의 고독이 더 오래된 고독을 알게 하였으나 그뿐 아니다. 농사짓기나 특히 의논할 상대 없이 만사를 홀로 해결하느라 힘들었을 어머니다. 어리석게도 철들지 못한 우리 형제들은 그 마음을 짐작조차 못한 것이다.

하다못해 이불 홑청을 풀 먹여 다듬어도 반대편에 앉아 붙잡아 줄 식구가 없지 않았던가, 하여 매사 몇 배로 힘에 부쳤지 싶다. 부부란 하나를 같이 본다고 했겠다. 남편 없는 세상살이가 얼마나 척박한지 그 역시 내 반쪽의 건강 잃고 나서야 깨닫는다. 아픈 사람이나 불행한 사람을 보며 위로 삼으면 안 되는데 뒤늦게 철 드나보다.

무슨 정신으로 재봉틀에 앉아 사남매 옷을 지으며 농사와 장사를 감당하였을까 싶다. 나는 감히 따를 수 없다. 당연히 '새끼들'과 살아남기 위해서였겠으나 그 모든 어려움을 발 재봉에 묻으며 살아냈을 터이다. 효자, 효녀 몇 명의 역할을 하는 재봉틀이 고맙기만 하다.

그러구러 평생 어머니 연인 같은 '드레스 미싱'이 고장 났다. 아버지 있을 자리에 대신 앉아 함께 늙어가던 재봉틀이다. 큰 아들은 새 재봉틀을 사다놓는다. 하나 어머니의 두 발목 아래는 감각이 없으므로 무용지물이 되고만 것이다. 그 옛날의 재봉틀을 꺼내 달래가며 겨우겨우 사용 중이다. 아무도 붙잡아 줄 사람 없는데 낡은 재봉틀만이 오래도록 어머니의 친구이자 취미로 아버지 의지하던 시절을 대신해준다.

큰 아들 내외와 함께 살며 이제는 모든 일 놓아도 되겠건만 당신 아니면 안 된다는 모성애와 책임감으로 일을 놓지 못한다. 우리 형제들은 염려와 사랑에서 오는 과잉보호를 받으며 살아온다. 이제 가끔 만나면 내가 '꽥 꽥' 거리다 후회를 반복하는데 실행 못하는 치사랑이다. 내 감정기복에 반성하게 되나 그때뿐이다. 그 모습을 모녀 사이라 치부하고 후회로 돌린다.

어머니의 바느질은 자식 삐뚤어지지 않도록 정성 바치는 기도나 다름없다. 가끔은 시력이 흐려져 재봉 길이 빗나가면 그럴수록 기도는 깊어진다. 사람은 언제 닿아도 닿는다고 했겠다. 욕심 같으나 그 상대가 내 어머니이기를 바란다. 어느 자식 하나 단 한 번 어머니를 향해 사랑한다고 살갑게 표현한 적 없는 '뚝뚝이'들이지만 표현과 마음에는 차이가 있다.

내 집에 계시다 아들과 함께 떠나는 어머니를 향해 두 팔 올려 사랑을 그려 보인다. 어머니의 엷은 미소가 쓸쓸하다. 밥하고 심부름하느라 애썼다며 돌아서는 모습 저리다. 나는 아직 그 염려를 모유처럼 넘기고 있다.

곧 집에 도착하면 다시 헐거운 재봉으로 한 땀 한 땀 바느질에 전념하시리라. 보약에 비할 수 없는 약성 좋은 정성이 줄맞춰 기도로 박혀 나오겠다.

나의 효도가 말로 끝나버릴까 두려운데 그것을 알량한 효도라 내세우고 반성이라 적는다. 나를 향한 위악이다. 바라는 게 있다면, 어머니 남은 날 재봉바느질의 발자국처럼 삶이 가지런하기를 바랄 뿐이다.

어느 누구에게도 상처주지 말고 곱지 않은 말 입에 올리지 말라던 한마디를 기억한다. 어디선가 어머니의 오늘이 나의 미래라는 말로 들려온다. 바람결인가 싶은데 앞으로 밀고 나가는 재봉틀이 하는 말이라 받아들인다.

나의 랍비

 화투가 일본에서 들어왔다고 했겠다. 일제강점기에 우리나라 사람들을 도박에 빠트릴 심산으로 들여왔다는 후문이다.
 구십 중반의 어머니와 함께 지금 그 잡기라는 화투를 하고 있다. '한국인은 모이기만하면 화투한다는 말'이 있다는데 어머니가 내 집에 오시고 나서부터 화투에 맛 들여간다.
 나의 친정에서 어머니는 심심풀이로 화투를 하고 싶어도 낮에 혼자이니 도리가 없겠다. 더구나 다리가 아파 지팡이를 짚게 되고, 지난해부터는 귀에 난청까지 온 것이다. 하여, 노인정에도 취미가 없다.
 당분간이긴 하지만 궁여지책으로 하나뿐인 딸네서 모녀가 치는 화투에 재미 들였지 싶다. 처음엔 둘이 치는 화투는 몇 장을 깔고 몇 장을 가져야 하는지 몰라 에멜무지로* 쳐봤지만 계속 파투가 나고는 한다. 남편이 가까운 친구에게 전화를 하고 숫자 계산을 하고서야 제대로 맞아든다.

여덟 장을 바닥에 깔고 열 장 손에 쥐고, 선이 먼저 시작한다는 민화투다. 처음엔 어설펐지만 이 화투라는 것에는 중독성이 있다. 친정에서는 잘 들리지 않는 귀로 텔레비전만 시청하던 어머니가 한 시간은 끄떡없이 앉아 화투를 즐긴다. 셈에도 오산은 없다. 하나, 그토록 총기 좋으신 어머니가 화투를 뒤집고 또 뒤집으니 화투판은 가끔 파투가 나고 만다. 돈내기도 아닌데 한 번쯤 잘못돼도 괜찮다며 모녀가 함께 웃는 시간은 달보드레하다.

어머니와 둘이 앉아 화투를 치면서도 스미는 정이 있기에 마음 저리다. 한 장 내고 한 장 뜰 때마다 어머니는 딸이 편안하라고 화투뭉치를 내 앞에 가져다 놓는다. 딸에게 오른손으로 뒤집도록 하면 어머니는 왼손이 더 가깝게 된다. 광이 나오면 "옛다, 이거 먹어라." 하며 내 앞으로 밀어 놓는다. 내리사랑은 화투판에서도 예외가 아니다. 나는 치사랑을 의식하며 져드려야지 하다가도 화투를 치게 되면 쉽지가 않다. 눈이 아리도록 뚫어져라 화투장을 쳐다보면 어느새 어머니는 나를 나는 어머니 사랑을 느낀다. 나아가 내 안의 나를 들여다보는 성찰의 시간이 되기도 한다.

어느 날은 육목단 화투장을 내 놓으며 딸의 행복을 담아주는 덕담이 따라온다. 오동나무의 똥 광을 내 놓으며 돈 받으라 하고, 송학의 광을 주시며 기쁜 소식 있으라는 덕을 함께 보내신다. 바로크 양식이 로코코 양식에 길을 내주었다고 했겠다. 어머니는 알록달록한 그림으로 예술을 하며 거대한 설계를 하신다. 아직도 내게 건강하고 화려한 앞길이 펼쳐지라 비는 마음 엿보인다.
　화투를 하며 갑론을박하다가 이겨서 웃고, 져도 웃고 판이 엉망이 되도 크고 작은 웃음으로 즐겁기만 하다. 우리는 안다. 모녀의 호탕한 웃음은 비오는 날에도 젖지 않는다는 것을, 바람 불어도 집 앞의 그 날카로운 마른 갈대끼리는 잎에 베이지 않는다는 것을. 그만큼 천륜의 힘은 강하고 유연하다는 걸 모를 리 없다.
　하여 민화투에 취미붙이며 어머니의 치매예방이라는 핑계를 대지만 우리 모녀에겐 만족하는 예술임에 틀림없다. 그 예술이 어머니의 내리사랑과 자식의 치사랑에서 반의어가 되어서만은 아닐 텐데, 나는 그 사랑을 어떤 방법으로도 따라잡지 못한다.

　화투얘기를 하다 보니 문득 시골의 당숙이 떠오른다. 농한기면 시골은 긴 휴가철이다. 한가한 겨울을 보내며 남자들은 마실 방에 모여 국수나 막걸리 내기 화투를 치게 된다. 그러던 어느 날이다. 작은 돈내기를 하게 됐고 손해 본 누군가 신고를 하였으니 난감한 상황이었겠다. 당숙도 예외는 아니어서 마실 방에서 놀던 여러 사람들과 함께 파출소로 가야했다. 한 사람씩 경찰이 질문하는데, 누구는 뒤에서 구경만하며 화투는 절대 안 했다하고, 누구는 오늘 처음 마실 방에 갔다고 하는데 우리 당숙은, 얼마나 화투를 했냐고 질문하니까
　"그거야 알 수 있나요, 날이면 날마다 허구한 날 한 걸요." 라는 대답에

그 자리에 있던 마을주민들과 경찰들이 한바탕 웃고 말았다는 유머 아닌 유머가 있다.

가벼운 화투는 재미로 끝나겠으나 때로 지나치게 끌려가다보면 자신의 앞날을 망치기도 한다. 어느 인기인이, 예로부터 화투를 갖고 놀면 집안 망한다고 했는데 너무 오래 갖고 놀았나보다고 해서 재판장 안이 웃음바다가 되었다는 소문도 있다. 말이나, 글이나, 화투나 제대로 알고 정도껏 하면 놀이가 되고 말에 유머를 담는다면 재치 있는 생활이 되겠다.

어머니가 얼마나 더 사실지 모르겠으나 이제는 건강한 날보다 아픈 날이 더 많다. 건강할 때는 건강한대로, 몸이 안 좋을 때는 안 좋은 대로 지혜를 알려주는 어머니의 마음자리를 안다. 때로 모녀란, 인생길 외로운 날의 친구가 되고 어려움을 헤쳐 나가는 도우미이기도 하다. 누구에게나 어머니는 율법을 가르치는 지혜로운 현인, 랍비이기도 하다. 내게 인간적, 예술적으로 어머니보다 유능한 랍비가 또 있을까 싶다.

*에멜무지로- 잘 모르는 것을 시험 삼아 하는 것.

문신 선물

 어머니 뵈러 친정 갔을 때이다. 그날 어머니는, 나 눈썹 문신하면 안 되겠냐며 조용히 한마디 하신다. 팔십대 후반쯤이다. 나는 대수롭지 않게 흘려들었겠다. 당뇨환자는 문신하면 부작용 올 수 있다는 말에 걸려 있던 중이다. 혹여 나도 어머니의 'DNA'를 반쯤 받지 않았을까 해서 문신은 꿈도 안 꿀 때이니 그것이 실수이다.
 조카의 결혼식 날이다. 어느새 내 얼굴에도 세월이 내려 눈썹 그리기가 수월하지가 않다. 양쪽 눈썹의 대칭이 안 맞아, 올리고, 내리고, 할 때가 수없이 많다. 살다 보니 눈썹 문신하는 사람들 충분히 이해가 되는 때이다. 지우고 그리고 하다 보면 눈썹의 폭은 점점 넓어지고 눈사람 눈썹처럼 짙어진다.
 그제야 언젠가 문신하고 싶다던 어머니의 한마디가 떠오른다. 지금 내가 이정도인데, 그로부터 십 년 뒤 요즘 어머니의 눈썹 그리기는 더 힘들겠다는 생각이다. 어쩌면 내가 어머니의 당뇨를 구실 삼았을 수도 있다. 살갑지 못한 양념 딸이, 어머니 챙기기 귀찮아서였다고 해야 솔직한 표현이겠다.

요즘 집안 혼사가 줄을 잇자 어머니 얼굴에 엷은 화장이라도 해드릴라치면 눈썹 그리기가 점점 까다롭다. 피부가 늘어져 이리 밀리고 저리 밀리는 화장은 수월하지가 않다.

문신하고 싶다고 어렵게 꺼내실 때 이 얌통머리 없는 딸은, 숟가락 대고 그려보라 했으니 어머니는 얼마나 섭섭하셨을까 싶다. 나 역시 나이 들어가며 이제야 그 고충을 알기에 죄송한 마음 감출 길이 없다. 남들은 두벌 꽃피우며 두 번씩 철들어간다. 하나, 철들었다고 생각한 나는 한 번도 야무지게 해낸 게 없다. 툭하면 눈가에 이슬이나 달고 살았겠다.

어머니가 오셨기에 나들이 준비하며 숟가락 대고 눈썹을 그려드리지만 잘 될 리 없다. 순간, 문신은 성한 사람의 미용을 위한 게 아니라고 느껴진다. 육신 불편한 사람이 마음먹은 대로 그릴 수 없을 때를 위한 그림 새기기이겠다.

풀피리만 슬픈 곡조 아니다. 지난날, 딸의 한마디가 비수되어 서운하게 꽂히셨을 듯하다. 나의 눈이 다시 붉어진다. 돌아누운 어머니 등 뒤에서 애꿎은 휴지만 수없이 구겨져간다.

지금 눈썹 문신을 해드릴까 하다가 주춤거리며 구십 후반을 들먹이고 지팡이를 들먹인다. 잘 걷지 못하시니 번거롭다는 핑계를 댈 수도 있다.

비겁한 딸이 여전히 변명만 늘어놓으며 효도에는 직무유기 중이다.

한 수필가는 '트레킹'하며 글을 쓰는데 나는 앉아야만 짓기가 된다. 여러 방면에 부족하다고 고백하자니 그것조차 변명이다. 어쩌다 미흡한 수필가가 되더니, 효녀로도 흉내만 내고 있어 두 가지가 의문스럽다. 누군가 말한 '예의와 질서'를 지키지 못한 격이므로 도리 또한 잘했을 리 없다. 하면, 사려 깊지 못했기에 유아적이지 싶다. 눈썹 그리기부터 모든 것을 다시 배워야 할 일이다. 이제라도 늦지 않았기에 더 큰 후회가 닥치기 전 서두르고 싶다. 어머니 당뇨부터 관심 갖고 눈썹 문신에 도전해볼까 하는데, 작심삼일 아니길 바라는 마음이다.

언젠가 미용실에서 눈썹 문신한 중년 남자를 본 적 있다. 요즘 유행하는 모양으로 알맞게 그려졌는데 마지막 마무리를 하러 온 듯하다. 그 남자를 보며 내 어머니를 떠올린다. 아무래도 이번 설에는 문신으로 선물을 대신해야 할까보다.

오늘은 휠체어 태워 미용실 다녀오는 숙제 아닌 숙제를 마쳤다. 함박눈 녹아 길 터주기를 기다렸으나 끝이 안 보이는 것이다. 미끄러운 눈길을 뚫고 퍼머를 하였는데 인물이 훨씬 돋보인다. 퍼머가 마음에 드시는지 미소가 번진다. 머리 모양만 새롭게 하여도 저렇게 흡족해하는데 거기에 문신까지 그리면 십 년은 젊어졌다고 좋아하시겠다.

보석은 필요 없다. 그 흔한 기모바지나 새로운 모자도 싫다. 가벼운 신제품 옷도 싫다고 호령하여 반품하지 않았던가. 하면 소원 한 가지 들어드려야 하겠다. 구십 중반의 어머니도 여자인데 귀담아 듣지 않은 내가 밉살이다. 눈썹 미용으로 행복을 심어드려야 되겠다고 다짐 중이다. 행복의 정의가 보석이나 번쩍이는 승용차에만 있지는 않을 터이다. 작은 아름다움으로 위안이 된다면 그것은 모녀의 행복이겠다.

어머니의 지금이, 머지않은 날 내 모습이다. 모녀의 눈썹을 상상으로 그려보며 피부과에 상담하러 나간다. 숟가락 밀어놓고 콧노래 부르며 달려간다.

어쩔 것인가. 세월은 기다려주시 않았으니 야무지지 못한 딸이 미련스럽기만 하다. 요즘 우리 모녀는 지나치게 많은 말을 침묵하며 거리를 두고 있다. 그리운 어머니!

커튼콜 받는 날

　친정어머니가 영정사진을 스스로 준비한다. 사진이 아니라 초상화가의 도움으로 숱 없는 머리카락을 지나치게 아름답도록 표현한 것이다, 당체 내 어머니 같지 않다. 나는 핸드폰 속에서 어머니 사진을 골라내어 사진작가 친구에게 부탁을 해둔다.
　며칠 뒤, 자연스러운 어머니 사진을 찾아 들고 친정으로 향한다. 마지막 날 공개될 사진을 안고 가노라니 마음은 한없이 착잡하다. 지난 날, 영정사진이라면 흉물로 생각했으나 내 나이 들며 관심 갖게 된다. 어머니는 영정사진을 보며 예쁘게 잘 나왔다고 좋아하는데, 누구나 떠나는 순간까지 아름답게 보이고 싶을 것이다. 더구나 여자라면 말할 나위 없겠다.
　하나, 영정사진을 함께 들고 간 남편이 어머니 사진보고 멋지다며 좋아하고 있다. 돌아오며 자기도 한 장 해달라고 부탁하는데 나는 침묵만 지킨다. 그러구러 몇 달이 지났겠다. 그동안 남편의 부탁이 걸려있는지라 부탁을 들어주기로 마음먹는다. 건강한 모습의 가장 그럴듯한 사진을 골라 친구에게 전송하며 잘 부탁한다는 말을 잊지 않는다. 며칠 뒤 견본 사진이 핸드폰으로 날아오고, 친구는 마음에 드느냐고 묻고 있다. 영화배우 못지않은 사진으로, 있다면 나이든 '마린보이'의 모습이다. 훗날 그 사람 가고 나면 남편대신 이 사진이 미소 짓겠구나 싶어 코끝이 평소와 다르다.

  사진 담긴 액자를 서재에 놓으며 호흡 없는 사진에서 따스한 숨결을 느낀다. 애정과 애증도 밀려온다. 가장 강하고 무섭고 어려운 것은 정이라며 평상시에 입버릇처럼 되뇌이던 남편의 말을 영정사진에서 느낀다. 사진은 미소를 담고 있지만 종당에 '냉정과 열정 사이'의 관계야말로 이 사진이지 싶다. 참으로 얄궂은 사진이다. 저 따스한 미소를 걷고 언제 그랬냐는 듯 뒤도 안 돌아보고 가버리겠기에 하는 말이다. 나의 그 말에 남편이 하는 말 있다. 당신에게 영원히 미소로 남아줄 모습이라며, 그게 평소의 나 아니냐며 너스레를 떤다.

  영정사진은 떠나는 날 마지막 모습이 아니다. 살아온 날만이 아니라 사후까지 남아있을 모습이라고 정리해본다. 하면 그 사진은 그냥 사진이 아니라 예술 작품이다. 인생이 한 편의 연극이라고 한다면 더욱 잘 어울리는 생의 종점에 사진 한 장이 영원함을 이어주는 것이다. 돌아가는 날이 되겠다. 이 무대에서 잘 지내다 간다는 한 배우의 마지막 포스터이다. 남편의 2막을 알려주는 홍보로 '커튼콜' 받는 날이 마지막 인사를 나누는 날이다.

남편의 독사진을 들고 책장으로 간다. 영정사진 될 때까지 기다리는 게 아니다. 그날의 격을 위해 정중하게 모셔두며 살아가는 과정이다. 먼지 없는 사진을 닦고 닦아 넣어두고 나는 돌아선다. 종당에 누가 먼저 돌아설지 모를 뒷모습을 영원한 앞모습으로 챙기는 중이다.

그가 먼저 돌아섰고 나는 영정사진을 챙긴다. 비로소 오열을 하고 만다. 유난히 깨끗하고 고운 것만 챙기던 남편, 김치 한쪽을 집어도 반듯하고 예쁜 쪽만 고르던 사람이다.

먼저 가서 길 닦아놓고 기다릴까 싶다. 이제 내 사진을 준비해야겠다. 조금이라도 덜 늙기 전의 고운 사진을 고른다. 쓴 미소가 나를 보고 고개를 숙이는 느낌이다. 시도 아닌데 함축하는 말이 있지 싶다. 모나리자도 아니면서 사진 속 미소, 알다가도 모를 일이다. 그리움도 한때라고 했겠다. 그리울 때 그리워하자.

내게도 곧 커튼콜 받는 날 있을 터, 친구의 예술사진관으로 가고 있다.

시가 되고 싶다

 초여름에 산들바람 옆에 끼고 산책을 간다. 생태공원 이팝나무와 해당화 길은 주말이면 걷는 사람들로 붐빈다. 자전거 타는 사람들까지 줄을 잇는다. 결국 해안가에만 깔끔한 나무다리 하나를 더 놓게 된다. 새로운 길은 보행자 전용이고 오랜 세월 다져진 옛길은 자전거 전용이다.
 자전거는 끝 간 데 없이 이어진 찔레와 이팝나무와 해당화 꽃길을 달리고 나는 향기 모으며 안전하게 나무다리 위를 걷는다. 아카시 꽃 하얗게 이를 드러내며 주고받는 인사에 방게들도 제 집 문을 열어놓는다.
 갈대밭 사이 전망대에 올라 지나온 길을 내려다본다. 옛길 품은 전망은 영화의 첫 장면 같고 나도 그 안에 흡수된다. 화려한 태양은 나를 편안한 그늘로 안내한다.
 새로운 길은 쉽지 않건만 요즘 내게 낯선 길 하나 열어놓았겠다. 앞으로 일어날 일을 기대하게 만드는 것이다. 또 하나의 길이라 여기고 심취

하는 중이다. '시인 아니라 시가 되고 싶다'는 글을 쓴 적 있으나 간지러운 표현 아니길 바랐으리라.

　문인이라면 누구나 같은 현상이겠으나 집에 들어오는 수많은 책을 읽어야하는 책임감을 느낀다. 누군가는 책의 공해라 말했으나 그 제공은 나일수 있고 아닐 수도 있다. 읽다 보면 좋은 글은 알겠으나 잘 되고 안 된 작품을 세세히 짚어내지 못할 때가 있다. 그런 까닭에서 시작한 것이 또 하나의 길이다. 그것이 새 길이라면 기꺼이 걸어가야 할 터, 부족해도 관심은 깊다.

　영화, 「어답트 어 하이웨이」(ADOPT A HIGHWAY)에서 주인공의 아버지는 교도소에 있는 아들에게 손 편지를 남긴다. '지금 너의 잘못이 있다 해도, 다음 세상에 나와 희망을 버리지 말고 너의 길을 힘차게 떠나보라'는 편지이다.

　편지 한 줄이 희망적이듯 지금 내가 걷는 새로운 길에 당장 큰 효과는 안 보이지만 언젠가는 보람 있으리라 기대된다. 안전을 위해 놓인 새 길은 내가 걷고, 흙먼지 날리지만 다져진 길은 자전거를 위해 내어준다. 새로운 길을 즐기고 익히며 오늘을 간다. 걷다 보면 그 길도 정든 길이 될 터이다. 새 길 생겼다고 헌 길을 모른 척하시 않는다. 오늘이 있기까지 수고하고 도와준 길이니까. 하여 내 경우 어설퍼도 두 개의 '장르'를 넘나들 각오를 하고 있다. 슬쩍 건드려보는 심심풀이가 아니다. 나보다 남이 먼저 알아보는 글이 되도록 차근차근 짚어나간다.

　새 길 걸으며 겉치레보다 그 존재에 대한 각오를 단단히 하고 싶다. 헌 길 물려주고 새로운 길을 간다는 것은 선심 같지만 어찌 보면 나와 우리가 편하고자 만든 길이다. 사노라면 새 길도 헌길 되는 법, 물려받고 물려주다보면 편안한 길이 될 것이다.

　내가 살아오면서 누군가의 길에 도움 된 적 있을까를 짚어본다. 혹여 있다 해도, 새 길로 가라 해놓고 책임지지 못한 일은 없을까도 돌아본다. 자주 하는 말 있다. 도움은 주어도 신세는 지면 반드시 갚아야한다는 말이다. 그 은혜를 갚지 못했을 때 가끔 돌아오는 서운한 말이 자라 상처를 받는 경우가 있다. 그래서일 것이다. 여기에 와 옛길을 자주 돌아보는 것은 초심 잃지 않으려는 마음에서이다. 때론 그곳에 '축제 같은 숙제'가 놓여있겠다. 부족해도 수고로 쌓은 글이고 내가 가야할 길이다.

　'데크' 끝에서 낮은 문 열고 옛길로 들어선다. 비포장의 흙길은 아파트로 향하는 생태공원 길이다. 날마다 이 길을 빌려 쓰며 고마움 지나쳤으나 오늘은 감사하는 마음도 함께이다.

　운동화에 붉은 흙이 달려와 앉는다. 먼지가 아니라 묵은 길의 곱다란 가루 흙이다. 나와 똑 같은 모습으로 세상에 왔다가 돌아갈 때 이 모습 아닐까 상상해본다. 내가 무엇을 추구하는지 알고 있는 듯한, 새로운 길의 수혜를 받으며 집으로 가는 길이다. 영화의 마지막 '엔딩'이지 싶다.

새해를 마중하다

 묵은해 보내기와 새해맞이는 겨울에 들어있다. 끝과 시작이건만 어깨를 나란히 하고 오늘은 이별 내일은 만남으로 나뉜다. 누군가와의 이별이라면 다음 날이 새로운 만남이기에 다행 아닐까 싶기도 하다.

 어느 해의 새해 전날이다. 눈이 발목까지 빠지는 날, 세상이 온통 하얗던 날이다. 친한 친구들과 마지막 날을 장식하기 위해 우리만의 장소를 찾아 나선다. 함박눈은 끊임없이 유희를 하며 모임을 거든다. 밭길, 산길을 걸어 도착하니 점퍼며 바지와 신발은 하얀 눈과 하나가 되어있다. 들숨 날숨 몰아쉬는 입에서는 단내와 함께 뿌연 입김이 안경을 휩싸고 돈다. 십이월 마지막 날을 잘 보내야 멋진 새해를 맞을 수 있겠다는 기대가 있었겠다. 세 친구가 두 시간 정도 걸어온 곳이다. 야트막한 산 아래 고향집 같은 찻집으로 들어선다. 마치 마음에 드는 긴 서사시를 마무리한 듯, 몸과 마음은 감성수치가 올라간다.

카페의 우아한 여주인은 놀라움과 반가움에 버선발로 달려 나온다. 격앙된 목소리로 우리를 맞이해준다. 젖은 옷을 벗어 훈훈한 실내에 길게 널어놓고 십전대보탕을 주문한다. 그제야 아무도 없는 실내가 눈에 들어온다. 뜨끈한 난로가 일행을 맞아준다. 우리의 송년회는 따스한 차 한 잔에 두 손을 감싸고 기도하듯 내일을 설계했지 싶다. 감성과 감사의 마지막 날, 여름궁전이 이보다 멋질까 싶기도 하다. 손님 끊긴 날의 전통찻집, 군고구마와 함께 우리만의 수다는 구수하게 익어간다.

이○태 코너에서이다. 한 해의 마지막 날을 망년해라고 하는데 망년은 그 해의 고로를 잊는다는 뜻이라고 한다. 하나 우리나라나 중국에서는 나이 든 것을 잊어버린다, 나이 차이를 마음에 두지 않는다는 뜻으로 받아들인다는 것이다. 망년의 년年은 한 해, 두 해하는 해가 아니고 나이로 파악했다고 깨우쳐 준다. 그 글에 밑줄 그어 놓았겠다.

하여 재주나 인품을 존중하여 사귀는 친구를 망년우忘年友라 했다니 망년회란 있을 수 없고 그 말을 쓴 문헌도 없다고 했으리라. 망년회란 말이나 풍습은 일본에나 있다고 이 작가는 밝혀둔다.

하여 망년회 아닌 송년회를 하자고 눈 속을 뚫고 왔으므로 새해가 오긴 오나 보다. 아니 묵은해가 가긴 가나 보다. 가고 와도 새해의 결심은 지난해를 반복하는 작심삼일로 해마다 같았으리라. 이번만은 반복을 반복하지 말자고 세밑에 각오를 해둔다. 설령 실행이 안 되더라도 결심 안 하느니보다 하는 게 낫다고 했던가. 그게 세밑이요, 새해아침이다.

겨울 풍경이라면 눈이 있어야 하고, 크리스마스라면 트리가 있어야 하고 송년회라면 새해 계획이 있어야 하겠다. 그중 한 가지라도 빠지면 겨울은 겨울답지 않고 연말은 연말답지 않을 터이다.

친구들과 잠시 떠나와서도 묵은해를 시원하게 보내지 못하는 것은, 비워야 할 것들을 버리지 못하는 미련이 있어서이다. 오해했던 망년회와 새로운 포부로 맞이하고 싶은 신년회의 뜻, 알고 간다면 실수는 없겠다. 묵은해를 새해의 바탕이나 배색으로 꾸민다면 어떨까 싶다.

새해 아침 일출을 보러가는 사람들이 왜 떠나는지 알 듯하다. 결심의 첫날이자 새해의 희망이니까. 단단하던 각오는 날이 갈수록 얇아지거나 두꺼워지기도 할 테니. 나도 다짐하러 오르던 날의 마니산이 잠깐 떠올랐다 멀어져 간다. 다시 오를 때가 되었나 보다.

망년회, 송년회 착각하고 살아도 못 살 것은 없지만 알고 살면 실수는 없지 싶다. 종교 없는 나는 하느님이나 부처님 백도 없으므로 내 수고로움만 있을 뿐이다. 이천이십오년이 지듯 나의 해도 저물어 가고 있다, 하나 일몰이 있으면 일출도 있다. 떠나보내는 미련보다 다가오는 새해의 전략에 의미를 두고 싶다.

5부
무늬를 기억하다

우아하게
나의 대체 대상
내시경 후일담
무늬를 기억하다
미완성의 그림
마법의 여인
우산과 양산
두 채의 등대

우아하게

 오래전 딸의 출산일쯤이다. 친정어미로서 무얼 어찌해야 하는지 걱정만 앞서는데 딸은 전화를 받지 않는다. '카카오톡'도 확인 안 하고 있다. 어디를 가나 좌불안석으로, 마을버스가 뛰자 내 마음도 덩달아 뛴다.
 잠시 후 딸로부터 손전화가 오자, 순간 나는 다급하게 뭐하느냐고 묻는다. 뭐하긴 아기 낳는 중이지. 나는 관우처럼 우아하게 아기 낳을 거라고 우스갯말까지 하며 여유를 부린다. 그제야 겨우 가슴을 쓸어내린다.
 삼국지에서 관우는 뼛속까지 깊게 화살이 박혔으나 마취를 안 한 상태로 수술 받았다고 들어오는 터이다. 그 와중에도 관우는 한 손으로 우아하게 바둑을 두더라는 이야기를 지금 딸이 하고 있다.
 딸은 무통분만 중이다. 세상 참 좋아졌다느니 엄마가 오면 자기 신랑이 엄마까지 신경 써야하니까 안 와도 된다며 출산 중에 너스레를 떤다. 딴은 그렇다. 보호자 한 사람만 분만실에 들어 갈 수 있으므로 밖에서 초조

해할 친정어미가 신경 쓰이기도 하겠다. 나는 집에서 진정하며 전화만 만지작거린다. 시계를 수십 번 들여다보나 그 후, 소식은 없다.

그러구러 '카톡' 소리에 놀라, 매가 날짐승 채가듯 열어보니 신생아 사진이다. 백년손님으로부터 아기 낳았다는 기쁜 소식에 이어 삼 분도 안 되어 딸의 전화다. 엄마, 나 소리 한번 안 지르고 우아하게 공주 낳았다며 애교를 떤다. 나는 축하한다며 다 건강하냐고 다급하게 묻는다. 요즘 아이들은 다 저렇게 씩씩한 걸까 싶은 마음에 안심이 된다.

분만 시에 웃으며 낳았더니 아기가 계속 웃는다며, 아기는 어른의 표정을 복사하니까 만나면 늘 웃으라고 내게 주문한다. 옳은 말이다. 둘째 아이를 낳은 딸은, 아기 키우는 엄마가 즐거워야 아기도 행복한 법이라며 너스레를 떨고 있다. 슬픈 이야기를 하면 아기는 '삐죽삐죽'하다 끝내 울음을 터트리고 마는 경험을 첫째아이로부터 터득해서이다. 하면 무통분만을 두고 부정만 할 수는 없다. 웃으며 낳을 수 있다면 그게 복이요 건강일 테니까. 무통분만이 많은 임산부에게 주어진다면 여자의 고통에 내려진 은총이지 싶은데 그것은 딸을 둔 모든 부모들의 바람이자 안도이겠다.

아들에게 군복무의 의무가 주어지고 딸에게는 출산의 고통이 주어졌지 싶다. 아들은 한 가정을 책임지는 가장이 돼야하고 딸은 결혼 후, 문화와 풍습이 전혀 다른 낯선 시가와 함께 가족이 되어야하는 운명이다. 그 안타까움이 있어 예로부터 딸 낳으면 서운해 했나보다. 하니 딸을 둔 어미로서 세상의 딸들에게 무통분만의 기회가 주어진다면 더 없는 축복이자 위로이겠다.

요즘은 젊은이들이 거의 직장인이기에 육아가 가장 큰 문제로 떠오른다. 애보다 어른 숫자가 많아야 집안에 평화가 온다고 나의 아이들이 말할 정도로 아이 키우기는 보통 일 아니다. 직장생활 삼 년은 생활비 '마이너스' 아닐까 싶다.

딸만이 아니다. 아들네 부부도 출산과 육아가 힘들기는 매한가지다. 아들의 직장은 경기도이고 며느리의 직장은 서울이다. 아들은 출근길 삼십팔 킬로미터를 왕복하노라면 하루 칠십육 킬로미터를 달려야 한다. 며느리가 아들의 회사 부근으로 직장을 옮겼다가 서울로 올라가려면 시험을 다시 봐야하는 상황이다.

요즘 결혼을 비롯하여 '주택, 임신, 출산과 취직, 미래의 꿈'과 사람 사귀는 '비즈니스'에 이르기까지 일곱 가지 넘게 포기한다고 했겠다. 나도 남매를 둔 어미이지만 요즘 젊은이들 바라보자면 안쓰럽기 짝이 없다.

어느 날 저녁 무렵이다. 아들이 전화를 했기에, 퇴근 하냐고 물었더니 "넵, 야근하러 갑니다."하고 익살을 떤다. 집에 돌아가면 아이들이 물고 놀던 장난감 다 닦아야하고 두 아이 목욕과 밥 챙기기까지 젊은 부모의 육아 돌보기는 끝이 없다. 둘이 직장 생활하며 두 아이 양육한다는 것은 젊음이 없고서는 해 낼 수 없는 일이다.

하니, 전화하며 우아하게 무통 분만하는 덕이라도 있어야 하지 않겠나 하는 것이다. 대지모신大地母神 헤라와 혹은 삼신할미가 이 분만법을 알게 된다면 어떤 표정일까 상상하지만 어쩔 수 없다. 문명과 의술의 발전은 끝이 없고 그 길을 따라가야만 한다. 발전이 변화고 변화는 현실이라 받아들여야 하는 상황을 어미인 나로서는 반대할 마음 없다. 무통분만 오히려 응원하고 싶다.

요즘도 출산하던 그날, 제 어미를 놀라게 하던 딸의 음성이 쟁쟁하게 들려온다.
"뭐하긴, 아기 낳고 있지 우아하게."

나의 대체 대상

　날씨 쾌청한 어느 날이다. 우연히 강 끝의 먼 데 산을 바라보려니 거대한 비단 한 자락 덮어 놓은 듯하다. '산의 그림자'가 다시 그림자를 드리운 듯 부드러운 선에 감탄을 자아낸다.
　강물은 눈앞이다. 그 강물 위로 물처럼 흐르는 강변북로도 끝에서 산과 조우하는데 나는 시야가 좁아 멀리 볼 줄 몰랐겠다. 가까운 곳의 화려함만 보느라 먼 곳에 관심두지 않았으니 야무진 '삶'은 아니지 싶다.
　눈앞의 것보다 멀리 있는 산들이 더 아름다운 것은 적당히 절제되어서이다. 여백 처리 되어있으나 그 풍경 제대로 감상할 줄 몰랐기에 앞을 내다볼 줄 몰랐던 게다. '삶' 역시 먼 데 산처럼 보일 듯 보이지 않고 잡힐 듯 잡히지 않는 첩첩산중이나 다름없다.
　인생의 산행 길에서 우연히 동년배의 여인을 알게 된다. ㅂ 여인은 일찍이 남편을 보내고 생계를 책임져야 하는 처지다. 당장 급한 상황은 아니지만 멀리 내다보며 일자리를 찾아나선다.

어린 자녀들만 집 안에 놔두고 열쇠로 현관문 '짤각' 잠그고 돌아설 때의 금속성 음은 어미의 피를 말리게 하더란다. 지난날의 아픈 이야기를 돗자리처럼 펼쳐놓는 그녀는 안으로 오열하는 모습이다.

아이가 오전 반일 때는 학교에 보내고 일터로 가지만 오후 반일 때는 잠이 들어 툭하면 결석하는 탓에 개근상을 못 받았다며 목이 멘다. 그 개근상에 만 가지 서러움을 얹고 있다. 따라서 내 가슴도 짠하다.

비가 오거나 눈이 와도 우산 한 번 못 갖다 주고 마을 축제 같은 운동회 날 불참은 물론이요, 담임선생의 얼굴을 모른 채 학교를 마쳤다며 가슴을 친다. 그 여인만이 아니라 마치 지난날의 내 어머니를 보는 듯 가슴 밑이 저려온다.

두 아이 품에 끼고 공부 가르치고, 맛있는 간식 해주고 어미 사랑 퍼주며 살고 싶지만 그럴 수 없는 처지였겠다. 눈앞의 따스함보다 먼 훗날을 먼저 품었노라고 털어 놓는다. 그녀의 안타까움으로 농익은 지난날들이 '뚝뚝' 떨어지니 살아간다기보다 살아내는 것이겠다.

높지만 부드러운 먼 산을 바라볼 때마다 자신의 미래를 보는 것 같아 위로가 되었을 테다. 그 산이 든든한 후원자 같으며 때로는 떠나간 남편이 응원하는 것처럼 느껴졌지 싶다.

사람이 살면서 좋은 것을 모를 리 없다. 값비싼 먹거리와 화려한 입성, 좋은 집과 즐거운 여행을 모르는 척하였는데 지금은 취미생활까지 즐길 여유가 생겼다며 유한 표정이다. 여러 개의 하얀 임플란트 치아를 가지런히 드러내고 웃는 얼굴에서 아픔과 행복이 교차된다.

시리고 두려웠을 지난 세월이다. 지금은 아이들과 다른 나라 여행을 하면서 옛말하며 산다는데 남매를 잘 키웠지 싶다. 더구나 효자 효녀임을 알 수 있어 내 가족처럼 흐뭇하다.

노후 역시 철저히 준비를 잘 했지 싶은데 이제는 '파스텔'화 같은 먼 산이 지난날보다 더 온유하고 늠름하게 보이겠다. 그녀의 만족해하는 모습이 보기 좋다. 살아온 날들 고생만 한 듯하나 알게 모르게 도와주는 사람도 많았으므로 이제는 돌려주어야 할 차례라며 겸손을 보인다.

취미로 그림을 그린다는 B여인, 아마도 산을 담은 풍경화를 많이 그리지 않을까 하는데 그 캔버스에 담은 사랑과 햇살과 미풍도 보인다. 산모퉁이 돌아 여인과 함께 타고 가는 간이역쯤에서 고생담을 듣노라니 아니 그녀의 성공담을 듣노라니 남의 얘기만은 아니지 싶다.

사계절이야 갈 때 되면 가고 올 때 되면 오겠으나 인생은 누군가가 대신 지고 갈 수 없는 것, 오롯이 내 몫이다. 감독과 주연까지 일인 몇 역을 해내야 안전한 노후가 겨우 보장될 터이다.

그녀에 비하면 나는 할 말이 없다. 내 노력으로 부를 쌓은 적 없고 대단한 명작을 발표한 적도 없다. 현실감각 부족해 실속 없이 신선놀음을 하였지 싶은데 돌아보면 잘못 살지도 않았겠다. 앞날을 위해 크게 이뤄 놓은 것은 없으나 남의 것 훔쳐 오지 않았고 도덕에 어긋나는 일 하지 않았으며 덕분에 그 흔한 우울증에 걸린 적도 없다. 내로라할 정도로 가진 것은 없어도 지금 꾸러 다니지 않으므로 구차한 생은 아니지 싶다. 그렇다고 인생의 정상을 오르는 노련한 기술이 숨어 있다는 것도 아니다.

뒤늦게, 잠재된 감성이 살아났을 리 만무하고 이만큼 살아왔기에 나 역시 먼 데 산이 편하게 눈에 드는 것일 테다. 인생살이란 다 거기서 거기, 성공이나 실패도 나의 경험에서 얻어진다. 역경이나 실패가 있기에 성공 뒤에는 더 아름다운 것이다. 이제 비단 같은 푸른 산의 속살을 파고 들어가 호젓한 오솔길 걷다보니 고난은 먼저이고 감사는 뒤따른다.

민 데 신온 오늘따라 미세먼지까지 걷어내어 더 부드러운데 나는 그처럼 부드럽거나, 늠름하거나 푸르게 살지 못했겠다. 그녀에게 아니 내게도 산은 살아가는 날에 정기를 주는 든든한 대체 대상으로 다가온다. 두 번 다시 고쳐서 살 수는 없는 생, 중용이 어렵더라도 사심 없이 적당히 살자.

먼 산이라도 내가 바라보아야 산이 거기 있을 테니까.

내시경 후일담

　내시경 후, 결과는 일주일 후에 나온다고 알려준다. 앞으로는 자주 만나야 할 것 같다는 의사의 말이 마음에 걸린다. 그 칠일이 길어도 너무 길다. 다음 주 월요일을 기다리며 물방울 같은 눈물을 감춘다. 내시경 후 이토록 심란하기는 처음이다.

　오래전 어느 선배가 쓴 수필이 떠오른다. 기침하다 발견한 붉은 출혈로 인해 병원 가기 전까지의 마지막 할 일을 써내려간 작품이다. 그 글이 남의 일인줄 알았는데 지금 나의 심정과 다르지 않다.

　결과 나오기 전부터 눈물 훔치고 마음 찍어내며, 이불 빨래부터 시작한다. 이어, 앞치마와 수건과 행주까지 세탁기로 몇 번씩 돌려낸다. 마치 들숨 날숨인 듯 하루 종일 돌아가는 세탁기가 건강 잃지 않으려는 내 모습이다. 세탁해 넣어둔 철 지난 이불도 냄새날까 싶어 다시 헹구는데 넘쳐나는 빨래로 널 곳이 만만치 않다. 베란다와 식탁 의자나 장롱 손잡이까지 세제향의 빨래에 묻혀버린다.

　빨래와 옷장 정리만으로도 할 일이 넘친다. 버릴 거 없고 입을 것 없는 옷가지가 많기도 하다. 여기저기서 얻어 들인 옷과 아이들이 어렵게 사준 옷까지 들었다, 놨다 정리가 안 된다. 나 떠나기 전에 누군가에게 줘야하겠건만 어렵게 마련해준 옷에 발목 잡힌다.

　옷은 그렇다하고 아이들이 사주고 물려준 가방은 어쩔까 싶다, 만지작거리며 멍하니 서있자니 마치 쉽지 않은 사람을 대한 듯 가방 앞에서 결정을 못 내린다. 남들 다 있는 명품 가방 하나 없지 싶어 어렵게 어미 가방 먼저 사주던 아이들이다. 해준 것은 없는데 받은 것만 많은 숱한 사연들 쏟아놓으려니 눈이 충혈된다. 질경이처럼 스스로 알아서 커주던 두 아이들에게 고맙다는 말 한마디 못해 더 미안하다. 그 경우가 나만은 아니겠으나 내시경 결과를 기다리는 근심은 예년과 다르다.

　오래 살고 싶지 않다고 입버릇인양 뱉었겠다. 한데, 결과보다 그 후의 과정과 변화가 두렵고 내 어머니와 가족이 무한 걸린다.

　살아온 세월을 정리하듯 집 안의 모든 그릇을 삶아서 소독한다. 대접과 밥공기는 물론이요, 아이들의 아이들 수저와 포크, 도마와 수세미까지 소독하며 일주일을 버틴다.

　하나, 삼십 년 넘도록 쌓인 책은 어쩔까 싶다. 글을 쓴답시고 들어오거나 들여온 책들이 만만치 않다. 나뿐만이 아니라 글을 짓는 이들은 누구나 그러하겠다.

나의 시아버지 세상 떠나실 때 대형 '도서관 하나가 사라졌다'고 안타까워했는데, 책은 다 암기하였지 싶다. 하면 나는 쌓아둔 책이 많은 걸 보면 머릿속에 넣어 두지는 못했나보다.

나의 소유물은 남김없이 정리할 태세이다. 마치 죽음을 각오하고 전쟁터에 나간 군인의 자세가 이럴까 싶다. 오래 살고 싶다고는 안 했지만, 해야할 일이 있다면 아직 못다 읽은 책이 있고 책으로 묶어 내야할 글이 있다. 못다 본 영화와 기일이 있고 만나야할 친구도 있으니 할 일이 남은 것이다.

건강염려증이라는 말이 있다. 나의 건강에 대한 촉각은 갑자기 곤두서서 감각이 마비되는 듯 정신은 휘둘린다. 이 바쁜 세상에, 내가 떠나고 나면 누군가 청소해줄 사람도 마땅찮다고 여겼지 싶다. 쓸고 닦고를 하며 마지막 기운까지 소진한다. 일은 끝이 없지만 한 자락 염려증은 가슴에 걸쳐둔다.

'밀란쿤데라'의, '자기 육체를 등한시 하다간 쉽게 육체의 희생자가 된다.'는 말은 나를 두고 한 말이지 싶다. 예전엔 주변의 많은 환자를 보면서 내 입장 아니라는 어리석음을 범하였겠다. 그러다 은연중에 내 집 현관문을 밀고 들어오는 '육체 등한시'를 눈앞에 놓게 될 줄 몰랐던 것이다. 반성해야할 일이다.

일주일 후의 결과는, 3년 후에 다시 오라는 처방이다. 고맙다는 인사를 서너 번 반복하며 물러나온다. '밀란 쿤데라'가 아니라도 가벼운 발걸음 뒤로 무거운 마음을 내려놓는다. 하마터면 실패한 삶을 살다 간 자의 후임이 될까 봐, 한 가족이던 동생이 일찌감치 등지고 떠난 연장선에 놓일까 봐 얼마나 가슴 졸였던지 모른다. 건강문제에 있어서만은 곧이곧대로 받아들여야 하겠으나 생의 끝만은 쉽게 단정 짓지 못하겠다. 현실을 직시하며 내 존재의 상태를 더 신중히 관찰하는 중이다.

의사로부터 결과를 듣고 집에 들어서자니 덕분에 집 안이 훤하다. 내가 세상 떠날 각오로 해낸 청소이니 어련하겠는가. 마치 강한 회오리바람이 한바탕 뒤집고 간 듯, 안도 속에서 정신이 없다. 집안 청소와 정리는 내가 했지만 내 속 정리는 내과 의사가 했다고 치부한다. 한바탕 영육을 휘젓고 나서 새로운 각오로 인생 이모작 같은 나날을 보내는 중이다. '히죽히죽' 웃음이 난다.

무늬를 기억하다

 누워서 위를 보려니 문득 지난날의 천장이 아른거린다. 나의 유년시절 도배지에는 다이아몬드 무늬가 유행이어서 잠들 때까지 세어보곤 하였겠다. 세다보면 무늬가 둘이나 셋으로 겹쳐지던 착시현상을 느끼기도 했으리라. 마치 살아가면서 좋은 일, 안 좋은 일 있듯 반자의 무늬도 아롱졌지 싶다.

 서생원이 보꾹에 오줌으로 새로운 그림을 그려 놓고 숨어 버리곤 하던 날들이다. 그 모양을 보며 내 사는 날의 미래를 그리던 날들이 그립다. 누런 자국 위에 덧바르기를 계속하는 나를 보던 아버지는 반자를 뜯어내게 된다. 소나무골조에 부착시킨 전깃줄이 드러나긴 했으나 그런대로 괜찮았던 것이다. 마치 남의 속곳을 들춰보듯 민망했으나 요즘은 천장이 들어나는 카페나 한옥도 많다. 그러한 멋을 들어, 당시 내 방은 유행의 첨단이었다고 군말을 붙인다.

굳이 따지자면, 자세를 한껏 낮추고 천장을 보면 욕심이 줄어든다. 어떤 무늬를 그릴까 생각하는 것이지 눈높이를 올리자는 말 아니다. 낮은 자세로 그리는 무늬에는 소박한 그림이 그려지기 마련이다. 누워서 보는 천장은 등이 따듯하여 마음조차 너그러워진다.

걸어온 길 돌아보면 과잉보호 속에 욕심 없이 살아왔으리라. 그 덕에 다툴 일에도 크게 원망하지 않는다. 누워서 보이는 것들은 살아온 날의 갖가지 인생살이를 되짚어보게 만든다. 지나간 날들은 얽어버린 흑백 영화처럼 '숭숭' 구멍 뚫려 돌아간다.

많은 변화가 가슴 저리게 하였으니, 사랑하는 형제를 잃은 일이다. 반면에 감동의 순간도 있어 일어서게 하였으므로 살아간다는 것을 예측 할 수가 없다. 원망과 지혜로 날마다 변화무쌍하나 후회할 일만 있는 것은 아니지 싶다.

그런가 하면 오래전 하던 일로 힘들었을 때이다. 주위의 많은 지인들이 너나없이 달려와 도와주었기에 덕분에 다시 딛고 일어서게 된 시절이 있다. 망설임 없이 큰 어려움을 책임져주던 이웃을 잊어서는 안 될 일이다. 수호천사나 다름없는 지인들, 그로 인해 세상에 감사하며 살고 있다. 하나, 받기만 했지 돌려준 게 없는 듯하다. 오늘의 일들까지 살아가는 날의 무늬가 되겠다.

눈을 감는다. 감아도 잠시 눈 뜨고 보던 것들이 찰라 간에 흑백으로 보인다. 흑백논리의 세상 이치를 누워서 가늠하며 내가 흑일까, 백일까를 혼자 논하다 잠이 든다. 그러한 밤, 누워서 보는 천장은 어려움 당할 때마다 몸을 더 낮추라는 아버지의 한마디 같아 뭉클하다.

오래전 모든 어려움 이겨내고 제자리로 돌아왔기에 감사하는 마음 크다. 그동안 겉치레가 아니라 수필 쓰듯 진솔하게 살고자 했듯이 활자로 남기는 것에는 조심스럽다. 도장 찍기나 다름없기에 허투루 다룰 수 없는 글이다.

사노라면 심성은 투명하게, 육신은 강하게 나아가 너울가지*까지 키워야 하리라. 하다보면 나이테 늘어가며 생체리듬은 저하된다. 하나, 이십 대나 칠십 대나 감성은 그대로라고 혹자는 말한다.

다시 조용한 방바닥에 편승하여 낮은 자세로 올려다본다. 상상 속 한 자락도 더하기 한다. 살던 집을 뒤로하고 도시로 떠났으나 마을은 사라지고 높은 아파트만 남아있다. 내게 고향은 마음속에 있고, 없는 무늬만 남아돈다. 지난날의 소나무골조가 있던 고향집도 가버리고 없다. 그 자리에는 아파트가 여봐란 듯 서있어 어색하게 한다.

마을 뒷산에 살던 아버지도 무늬조차 가질 수 없는 무색의 추모관으로 이장하였으나 천장에는 다른 주검이 살고 있다. 모르는 영혼과 이웃하여 가족의 안부를 물으며 지내실까 궁금하다. 우리 자손들은 가끔 찾아가 꾸벅 예의를 차리고 온다. 나는 어쩌다 찾아뵙고 안경 속 액체 찍어내며 추모관 앞의 풍경이 되고 있다. 때로는 떠난 이의 천장이 더 곱다. 그 모습이 산 자와 죽은 자의 어울림이지 싶다.

아들 많은 집에 고명딸로 살아온다. 아버지의 눈에는 그 하나 딸의 여린 성격을 잘 보았지 싶다. 하지만 살아가는 날 전체가 고울 수만은 없겠다. 살다 보면 누구나 아름다운 그림을 그리고 싶을 것이다. 나 또한 그 고운 그림을 그리고 싶었을 터, 나를 자유롭게 키운 아버지의 공식이 맞았다고 인정한다.

누군가 낮은 천장을 보느니 하늘을 보며 살겠다고 했으나 나는 다른 생각이 다. 낮은 천장이 있어야 높은 하늘도 있다고. 천장은 많은 시간을 마주하는 곳이고 하늘은 바쁘게 살다가 가끔씩 올려다보는 곳이라고. 즉 집 안의 천장이 있어야 바깥 하늘을 더욱 귀하게 여긴다는 뜻이겠다. 역으로 하늘 아래 높고 낮은 곳은 마음으로부터 나오는 것이라고도 말하고 싶은 것이다. 그것이 사는 날의 무늬가 되기도 할 테니까.

그간 아픔과 기쁨이 교차하던 날들이었을 텐데 기쁨은 흘러가고 아픔만 남아있다. 하나, 이제 모든 것에 너그러워야 할 나이테를 지녔지 싶다. 내게 다가오는 모든 것이 어떤 무늬든, 어떤 높이든 괘념치 밀기로 하자.

*너울가지- 포용성, 붙임성.

미완성의 그림

　지인과 함께 아트홀 공연장에 들어선다. 이 고장에는 볼거리 많고 내가 맺은 귀한 인연이 있어 정다운 곳이다. 입장하자마자 무대 왼편의 그림 한 점에 관심을 갖는다. 내가 앉은 자리에서 가까운 거리라 작품 한 점이 눈에 든 것은 아닐 터이다. 한 가수가 등장하기까지 남은 시간 기다리며 그림 감상 중이다.

　그림 한 폭에는 키 큰 화초가 휘늘어져 있다. 숲인 듯, 담장인 듯 다가온다. 꽃인가 하면 아니고 아닌가하면 꽃 같은 붓 자국이 무심하게 얹혀있다. 특별하게 눈에 띄지 않는 소재로 미완성의 그림이건만 자연스러운 매력은 무엇일까 궁금하다.

　관객을 위한 손길과 마음씀씀이가 억지스럽지 않다. 튀지 않는 소박한 그림 속에서 초록은 흘러내린다. 잘박한 개울에는 간격을 맞추지 않은 돌이, 자유로운 징검다리가 되고 있다.

꽃담에서 흘러내린 푸름이 징검다리 돌 앞에서 가볍게 섞인다. 유유자적에 놓이는 찰나 에움길이 떠오른다. 사전적 의미로 '에움길'은 반듯하지 않아 굽어있는 길이라는 설명이다. 물의 흐름이 돌에 어깨를 기대어 잠시 숨을 고르는 모습 편안하다. 비단, 돌과 물의 관계만이 아니라 내 이야기일 수도 있다.

ㄷ 여인이 있다. 내 전생에 나라를 구한 적 없는데 어찌 그리 고운 사람을 만났을까 고맙기만 하다. 엽렵하고 사려 깊은 사람을 초가을의 물빛인 듯 두 물 머리에서 만났겠다. 자연이 빚어낸 사과가 제대로 익어 여울 물길을 향기로 물들이는 느낌이다. 더 나아가 같이 지내다 보면 언어와 함께 손놀림조차 고급스러워 나를 흐뭇하게 하는 여인이다. 때론 내 속 먼저 알아차리고 앞질러 소리 없이 도와준다. 친절이 과하면 실례가 되고 피곤하다. 하나, 그녀에게 '과유불급'이란 없다. 만약 다른 곳에 그런 사람 있다면 내가 그가 아니길 바랄 뿐이다.

고운 말과 행동 과하지 않는 자연스러운 사람들은 우아하다. 공연장의 소박한 그림 한 점에서 그 여인이 보인 것은 튀지 않는 작품이어서이다. 그런 까닭으로 그 그림을 무대에 올렸다면 공감한다. 그날 무대에 오를 주인공이 마음 썼다고 했겠다. 소박한 안목이 돋보인다. 무작위로 갖다 놓았다는 말은 편애하지 않았다는 겸손이다.

'글 쓰는 사람은 매 번 케이오 패 당한다.'던 누군가의 말에 공감된다.

나 역시 내가 쓰는 글을 떠나, 한 사람 안에 들어가는 '비즈니스'에 툭하면 패하였지 싶어서이다. 건조한 내 탓으로 돌린다. 어디서나 자세와 언어가 고운 사람들은 부러운 대상이다. 맑고 명랑한 사람과의 운명적 만남, 그 인연 안에서 고맙게 마주 앉는다.

여울물처럼 징검다리 사이 휘돌다가 한 순간은 물보라 되어 살짝 튀어 오르거나 한 발 물에 빠지기도 하였겠다. 그렇게 살다가 만난 여인이다. 생물학적 가족은 아니기에 더욱 귀한 존재다. 서로 신뢰하며 여기까지 왔으므로 성공한 인생이라 말할 수 있다.

I시에 안착하여 만난 사람, 그 여인은 오래전 잃어버린 나의 귀한 그림 같다. 수십 년 전 사라진 명작을 이제 찾았다 싶으니 인연은 인연이다. 우연을 지나 필연을 넘어 운명이다. 그와 나의 사이가 앞으로도 함께 누릴 미술세계라면 더 바랄게 없겠다.

그 여인이 받은 가정교육이 짐작된다. 제때에 성실하게 배우고 겸손하게 '아우라' 넘치는 사람들은 조용히 흐른다. 어깨 올리지 않고 내공 우러나는 그와 같은 사람들이 있어 세상은 아름답다.

돌아보니 징검다리 앞 에움길이 내가 살아갈 날이라면, 꽃담은 내가 살아온 한 순간의 화양연화이다. 그와 내가 꽃담이라면 우리는 함께 흘러가야할 시작점에서 출발한 것이다. 감사의 시작이다.

언제인가 친한 친구와의 약속을 여러 번 어기게 되었겠다. 또 약속을 깨야만했던 내 사정을 잘 아는 ㄷ 여인은 나의 상황을 속속들이 알기에 안타까웠을 게다. 얼굴조차 모르는 내 친구에게 고맙다고, 고맙다고 하는 그녀와 나의 두 눈에 안개가 덮인다.

며칠 후, ㄷ여인은 그림에 시를 넣어 선물을 준비해 온 것이다. 얼굴을 모르건만, 고마운 나의 친구에게 전해달라는 따스한 마음에 감동했겠다. 둘 사이에 아니 셋 사이에 정성이 오고가고 하였으니 이런 복이 또 있을까 싶다. 내게 넘치는 지인이 있어 난국을 넘긴다.

오늘의 가수가 무대에 오른다. 나는 지금 ㄷ여인과 세 번째 줄에 앉아 '리허설' 감상 중이다. 내 사는 날에도 '리허설'이 있다면 세상 다시 살아볼 만하겠다. 노래는 너울 물처럼 강약에 맞춰 흘러간다. 인간관계도 그러하다. 살다가 에움길 몇 번 만나더라도 성가시게 여기지 말자. 여기까지 오도록 안 좋은 일보다 좋은 일 더 많았으니까. 떠난 사람은 잊는 게 아니라 상기하며 하나하나 징검다리 건너듯 반성으로 건너야 할 테다.

'칼날 위의 물방울처럼' 살아온 순간도 있었을 게다. 끝나는 일 있다면 새로운 일도 있다. 하여 세상은 그렇게 건조한 것만은 아니지 싶다. 그런저런 까닭에 오랜 세월 이 고장 떠나지 못하고 있다.

그 덕에 자주 오는 아트홀 공연장을 나서며 다음 약속을 한다. 허구는 소설에서, 갈등은 드라마에서, 상처주지 않는다는 약속은 수필에서 그 약속을 지켜야하는 것일 터이다. 단 마무리는 야기하지 말기로 하자. 앞날은 알 수 없으니까, 산다는 것은 미완성의 그림이니까.

마법의 여인

　새벽길 열고 운동하러 나선다. '실루엣' 같은 안개 사이를 걸어 물빛 공원으로 나가는 중이다. 스티로폼 상자 놓인 쓰레기장 모퉁이를 돌아설 때이다. 저만치 '엔틱' 가구 하나가 홀로 서있다. 눈에 번쩍 띄어 우사인 볼트라도 되듯 달려간다.
　내가 좋아하는 가구이기에 허겁지겁 살펴본다. 상처 난 곳은 없나, 떨어져나간 부분은 없는지 돌아가며 만져본다. 어느 정도의 파손은 감수할 생각이다. 다섯 개의 서랍과 사자 같은 네 개의 발이 당차다. 조각무늬도 고급스러운데 누가 이 귀한 가구를 버렸을까, 붙잡고 서 있다.
　집으로 가져가려는데 방법 없어 궁리하던 참이다. 뿌연 안개를 가르며 사십 후반의 여인이 말을 걸어온다. 뽀얀 강아지 한 마리와 함께이다. 나에게 왜 여기에 서 있느냐고 묻는다. 이 가구가 필요한데 부피가 커서 운반을 궁리중이라고 답을 건넸을 것이다. 그녀는 신기한 듯 나를 바라본다.

혹시 이름자 끝이 '옥' 아니냐며 1지구에 살지 않았느냐고 묻는다. 그 동네로 직장 다니던 여인이라는데 후덕하니 엔틱가구를 닮은 좋은 인상이다. 순간, 여인은 갑자기 강아지를 데리고 경비실 앞으로 뛰어가더니 대형 캐리어를 '철컹철컹' 끌고 온다. 그 모습이 어찌나 재밌던지 박장대소하고 싶건만 동네사람 잠 깰까 싶어 크게 웃지도 못한다. 나이에 안 맞게 귀여운 여인이다.

'캐리어'에 가구를 올리고 둘이, 아니 정확히 말하면 강아지까지 셋이 내 집 앞까지 밀고 온다. 여인은 현관문까지 와 내려주고 돌아가는데 뒷모습까지 고와 보인다. 새벽에 동쪽에서 나타난 귀인임에 틀림없다. 가구를 볼 때마다 그 여인 오늘도 좋은 일하며 잘 살겠구나, 떠올리면 하루 종일 기분 좋아진다. 이사와 처음 만난 마법의 여인이다.

누군가에게 그 일화를 들려주며 나는 욕심이 없다고 하자, 욕심 없는 게 가장 큰 욕심이라고 하여 놀란 적 있다. 하긴, 쓰레기장에 버린 가구까지 주워왔으니 그게 욕심 아니고 무엇이겠는가. 그제야 이 나이 먹도록 욕심의 정확한 뜻조차 모르고 살아온 자신을 들여다본다.

얼마 전이다. 어느 지인의 초대를 받고 그 댁을 방문하게 되었겠다. 지하는 물론이요, 입구에서부터 2층까지 책으로 덮여있다. 책 외에 살림이라곤 뉴스를 보거나 영화감상용 TV와 식탁 하나가 전부이다. 책속의 문화, 아니 부창부수라 해도 좋겠다. 화장대나 장롱과 침대조차 책에게 양

보한 주인들이 놀랍기만 하다. 심지어 굴러다니는 볼펜 한 자루나 먼지 한 톨 안 보인다. 그 댁의 부부가 경이롭지 않을 수 없다. 존경심에서 감탄사 연발하며 분주하게 살펴본다. 부부가 필요한 것, 원하는 것은 수만 권의 책에게 양보하였기에 모든 희로애락이 그 속에 있겠다.

집에 돌아와 신발 벗으며 나의 거실부터 둘러본다. 욕심 없다는 내가 가진 게 지나치게 많다. 최소한의 가구만 간직하며 소박하게 살아간다고 여겼는데 거실 전체가 빼곡하다. 더 이상 작은 의자 하나 들어올 자리조차 없을 뿐 아니라 쉬어야할 공간조차 부족한 듯하다. 그동안 정리 잘하고 살았다는 나의 생각은 착각이었지 싶다.

하나, 쓰레기장에서 만난 가구에게는 부끄러움 아니라 고맙다는 인사를 하고 싶다. 재활용이라는 의미를 담아 끼고 살아도 괜찮다며 스스로 다독인다. 욕심의 되돌이표인가 싶은데 정리의 시작이다. 다섯 개의 서랍에 차곡차곡 들어가는 게 많기도 하다.

사람은 고쳐서 못 산다더니 단풍나무 아래서 작은 나무 서랍장을 주워 온다. 반질반질 적색으로 결이 들어 고급스럽다. 고지서나 영수증을 넣어 두면 적당하겠다 싶어 들고 온다. 한데, 남편이 탐을 낸다. 부부는 살면서 닮아간다더니 부창부수다.

화장대와 책장과 재봉틀 다리에 옛 방문을 얹어 만든 식탁과 장롱까지 다 밖에서 들여온 것이다. 버린 것이 아니라 꼭 필요한 주인 찾아 온 것이다. 하면, 두 주인을 지냈으므로 두 배의 사랑 받을 만하다.

　수십 년 전의 일화이다. 어느 문 앞에 놓고 간 아이를 지인이 데려왔는데 먹고 자고 어찌나 순하던지 그대로 키워 한 식구가 되었다는 것이다. 물론 주워온 '엔틱' 가구와 비교하는 것은 절대 아니다. 절차를 밟아 가족이 되고, 그 아이가 벌써 중년을 지나고 있으니 눈물겹도록 아름다운 일화에 박수를 보낸다.
　내가 들여온 것이 사람은 아니지만 털어주고, 닦아주고 귀하게 다루고 있다. 헌 가구를 들여도 이처럼 아끼는데 아이를 들인 그 댁은 축복과 사랑이 한꺼번에 내렸지 싶다. 복을 많이 지은 사람들, 행복하다는 소식에 무한 감사하다. 고마운 사람들 그늘에 들면 그의 정신을 조금이나마 깨달을 수 있지 않을까 한다.

　필요한 재활용품 들이는 버릇 이제 보니 타고난 습관이자 복이다. 새벽 다섯 시 삼십분, 밖으로 나갈 준비로 운동화 끈을 조이고 모자를 눌러쓴다.

　마법의 여인은 오늘도 강아지를 데리고 산책중이다. 슬며시 다가간다.

우산과 양산

지난날이다. 여린 물방울들이 떠내려가는 아침이다. 출근하는 남편에게는 해수욕장의 파라솔만 한 우산을 주고 큰 아이에게는 접는 우산, 작은 아이에게는 우산 겸 양산을 준다.

세 식구가 떠난 후 어지러운 자리를 부지런히 치우고 나는 차 한 잔 들고 베란다로 나간다. 창밖에선 하얀 찻잔 같은 목련꽃이 웃다가 간 자리에 녹음의 신비가 자란다.

언제부턴가, 비 오는 날이면 남편과 나는 큰 우산을 찾는다. 한 우산을 넉넉하게 둘이 쓸 수 있다는 점에서 즐겨 쓴다. 내 언제까지 우산 하나를 같이 쓸 수 있을까하여 종종 가슴 한편이 서늘할 때가 있다. 언젠가는 나도 아이들처럼 작은 삼단 우산을 마련해야 할 날이 올 테니까. 우리 집에는 유별나지 싶을 정도로 우산과 양산이 많은데 그 집착이 우연만은 아니다.

수십여 년 전의 해묵은 일화가 있다. 그 시절 우연히 알게 된 사람으로부터 받은 선물도 양산이다. 파랑색 바탕에 하얀 줄무늬가 한 줄 있어 깔끔했던 '디자인'이다. 그 뒤로 몇 년 간 소식을 주고받다가 살기 바빠 수십 년간 만나지 못하고 있다. 뜻밖에도 얼마 전, 지인으로부터 소식 듣고 찬 공기 가르며 고속버스에 오른다.

지방으로 내닫는 차내에서 생각은 꼬리에 꼬리를 물고 만감이 교차하건만 정작 수십여 년 만에 만난 그 여인은 바라보기 힘들 정도다. 우아한 모습은 간 곳 없고 너무나 초췌해져 내 기대에 아픔이 서린다.

잠깐 함께 걸으며 풀어 놓는 얘기에 더욱 놀라운 것은 그가 지금 꽤나 진행된 시한부 생을 이어가고 있다니 가슴 먹먹하다. 시간은 흐르고, 떠나기 위해 돌아서는 나를 붙잡아 놓고 선물을 내민다. 공교롭게도 또 양산이다. 고의는 아닐 터, 우연을 지나 필연이었는지. 하늘색 바탕에 투명한 천으로 원을 두르고 그 비치는 둘레에, 살아온 날들을 채색하듯 잔잔한 꽃무늬가 수놓아졌다. 그녀와 내 마음인 듯 두 마음이 모아지는 양산이다. 무슨 인연인지 시작이 양산이요, 또한 양산으로 마지막 가려는 사람의 가림 막을 해야 하는지 얄궂기도 하다.

오랜 세월 만나지는 못 했어도 옹골차게 자리했던 사람이건만 나는 아무것도 해준 것이 없다. 다만 언젠가 기약할 수 없는 길에 헤어지며 검은 우산을 펴게 되더라도 이겨낼 수밖에 없는 세월을 살았으나 그러기엔 현실이 버겁다.

좁은 양산 그늘이 맺어준 그녀와의 만남이나 비 오는 날, 우산을 쓰고 처음 만났던 남편과의 인연이나 모두가 의미 아닌 것은 없다. 생로병사 중 중요하지 않은 것도 없겠지만 병마는 죽을 만큼 힘든 과정이다. 그녀를 보면 얼마나 사느냐보다 어떻게 살아내느냐가 눈앞에 놓인 과제이다.

이제 그 여인의 마지막 양산이나 내 남편의 긴 우산에도 연연해하지 않겠다. 비 오는 날 있으면 해가 나는 날도 있는 법. 사람이 살면 얼마나 살겠다고 우산 하나에 피곤을 담을까 싶다.

'오늘을 앓고 있는 자, 철저하게 아파하라'고 하였겠다. 친구가 목숨을 담보로 잡힌 육신을 앓을 때, 나는 눈앞의 사소한 것들을 끌어안고 마음 아파했으니 어리석다. 나만의 것에 취해 편한 것만 향해 요령 부리는 사이, 그녀는 서둘러 가야하는 지름길을 택할지도 모른다. 절대자는 마지막 순간까지 생과 사를 놓고 미련한 나를 깨닫게 만든다. 덕분에 세상 보는 눈이 진지해져 간다. 죽음은 끝 아니라 딴 세상으로 이어지는 영원한 생명이라는 종교적 진리와 함께 착하고 예쁘게 살던 그녀이다. 그 여인의 병마가, 빠르게 지나가는 소낙비이길 바라는 기도가 깊다.

사람 산다는 것이 길어야 평균 팔십 중반일 것이다. 어느 작가가 말했듯이 '팔십 세는 우산을 쓰고 가는 허리 굽은 할머니가 그 실증을 보여준다.'니 산수가 팔십 세라는 것은 우산과 가까운 연이 닿는 것 아닐까 생각해본다. 하여, 산다는 것은 그렇게 흰 것이 아니요, 검은 것만도 아니기에 다채로운 우산의 빛깔에 의미를 두었나보다.

어쩌면 우리가 살아온 길도 총천연색의 바탕이었을 터, 그 위에 그녀와 나의 생이 한바탕 푸진 해학적 연극이었다면 행복이겠다.

오늘처럼 비 오는 날은 돌아서는 사람 앞에서 검은 우산을 접고 싶다. 투명한 빗방울에 굴절된 무지개가 날개를 달고 있다. 곧 사라질 빗방울이 '모자이크' 처리 되는 것은 내 젖어오는 시야 때문만은 아니리라. 그녀와 나는 어쩌면 우산 끝을 굴러 떨어지는 두 개의 빗방울인지도 모른다. 그 모습 기도 속에 놓으며 다만 추모의 마음이 아니길 바랄 뿐이다.

비 오는 날의 우산은 둘이 써야 따듯하고 화창한 날의 양산은 혼자 써도 외롭지 않은 까닭 이제야 알 듯하다.

두 채의 등대

 지인들과 'O고향'으로 가는 중이다. 멀리 쪽빛 바다와 수평선을 배경으로 두 채의 등대가 놓여있다. 등대가 놓인 긴 방파제 멀리 하늘과 바다 사이에 잡히지 않는 선을 놓았으니 수평선이다.
 오른쪽엔 한 송이 목련 같은 흰 등대, 왼쪽엔 싱그러운 동백빛깔 등대가 마주보고 있다. 그 사이로 밀물과 썰물이 드나들며 고깃배의 길이 된다. 배가 나갈 때는 목련송이 닮은 하얀 등대 앞으로, 들어올 때는 빨간 등대 옆으로 온다니 우측통행이다. 바닷길에도 질서가 있어 마음 놓인다.
 그 사이에 안타까운 나의 느낌이 있다. 어부는 두 채의 등대를 신호등으로 보며 편하게 생명줄을 맡기지만 등대끼리는 견우와 직녀 되어 바라만 본다. 어부들 편리하라고 놓인 등대는 볼수록 고마운 한편 안쓰럽기도 하다. 사계절 모진 비바람 견디는 날 있으나, 따사롭고 파도 잔잔하여 안녕한 날이 더 많지 싶다. 외로운가하면 서로 의지 되겠다 싶은 것은, 사람이라면 관계가 그러하겠다는 뜻이다.

　몇 해 전, 먼 곳으로 여행 갔을 때이다. 하루 종일 여러 곳 여행하느라 늦은 오후에 뉴욕항 '자유의 여신상'을 만나러갔겠다. 오른손에 횃불 들고 서 있는 여신, 미국 독립 백주년 기념으로 프랑스가 보낸 선물이라 알고 있다. 리버티 섬, 가까운 물 건너 혼자 서 있는 여인상의 외로움을 넘겨짚었나 보다. 개인적 감상으로 두 채의 등대는 서로 의지가 될 터이나 여신상은 숱한 군중 속에서도 쓸쓸할 것이라 짐작했으니 유별난 상상이다. 저녁 어스름에 스며드는 나만의 느낌으로 착각은 아닐까 싶다. 당당한 여신의 표정은 물론 우리의 얼굴에도 땅거미를 칠하고 친구들과 함께 아쉬움 남기고 물러난다. 느낌은 그날의 내 기분에 따라 오르내릴 수 있다.

　마치 밀물과 썰물이 등대 사이로 드나들 듯 나의 기분도 햇살과 구름 사이를 하루 몇 번씩 오락가락하던 날이다. 오늘 날씨가 강풍으로 휘몰아치면 내일은 화창할 수 있는데 내가 내 마음을 알 수 없듯 자연의 변화를 어찌 점칠까 싶다.

　아무리 봐도 두 채의 등대는 서로 마주 볼 뿐이다. 영원한 것은 없다지만 절대로 좁혀지지 않을 거리다. 흔히 말하는 이루어지지 않는 첫사랑이 저럴까 싶다. 대부분 그 사랑은 다가가거나 잊힐 수 없어 골수에 사무치나 보다. 두 채의 등대 사이 바닷물 위에 다리 놓기보다 물길이 쉬워 갯골 사이에 길을 냈겠다. 갯물 아래 꼬물거리는 생명체들을 염두에 둔다. 밤이면 등대의 불빛에 안전을 맡기고 편안히 잠을 청할 갯것들이 물 아래 살아있다. 위에서 파도치고 비바람 몰아쳐도 물 아래 생명들은 살아내야 한다. 사람 사는 모습과 다를 바 없다.

영화, 「관계의 일변」에서 한 기타리스트는, 어릴 적에 어머니가 떠나며 남긴 말을 기억한다. 단 한마디 '건강' 하라는 말이다.

세월은 흘러 그 아들은 말문 닫은 기타리스트가 되고, 청년과 앞 못 보는 소녀는 사랑으로 맺어진다. 그들은 업소에서 만난 사이지만 기타의 짧은 음계를 암호 삼아 의사소통을 하게 된다. 둘은 서로의 결점을 보완하여 눈이 되고 언어가 되어준다. 나아가 외로움을 달랜다.

말 잘하고 시력 좋고 부족함 없는 또 다른 연인은 서로 티격태격하며 그들 앞을 지난다. 의도적인 등장이지만 충분한 설정이다. 두 채의 등대는 앞을 훤히 보는 눈이 있다. 하나, 말은 없다고 하면 역시 잘못된 비유라고 할 수도 있다. 마주보는 등대와 영화 속 연인들은 서로 닮아있다. 부족하지만 상대에게 눈이 되고 언어가 되어준다.

희고 붉은 등대가 파도의 고행을 견디며 마주 보고 서있다. 그 둘은 무한 안쓰럽다. 어쩌면 바라볼 수 있는 것만으로도 만날 수 없는 연인에 비하면 다행이지 싶기도 하다.

등대끼리 서로 손 닿을 수 없는 거리에 있으나 인간관계가 '오버랩' 된다. 무생물의 등대를 바라보며 살다가 멀어지는 우리 부부를 비유해본다. 일생 살아오며 서로에게 등대가 되어 외로움 나누었기에 고마운 상대였겠다. 하나, 때가 되면 서로 등 돌려야하는 사이다. 아니, 이미 그 모진 길로 들어선 것이다.

　오늘은 잔잔한 파도 위에 저녁 무렵 햇살이 메리골드꽃 빛으로 쏟아진다. 바다 얼굴은 잘 우러난 한 잔의 주스 같다. 친구와 마시던 건강한 빛, 말없는 말과 따스한 빛이 담겨 감동을 준다.

　생물의 감성을 무생물에 얹어보는 초여름 밤, 서로 바라보며 고독을 달랜다. 언젠가 다시 찾아가게 될 '장○항', 등대의 마주보기는 바다의 오래된 부부로 다가온 것이다. 아니 내 뒷날의 모습일수도 있다. 그림 같은 나이테는 살아낸 이력이기에 바다의 사랑을 그릴 줄 안다. 눈빛 강한 두 채의 등대가 내게 그걸 말하고 있다.

　유발 하라리의 사피엔스, '인간 역사의 새로운 통찰'이라고 했던가, 유인원에서 사이보그까지 내용은 달라도 그 안의 생명체가 있다면 역시 외롭지 않은 존재는 없겠다. 생명이 있다면 다 외로울 테니까.

　길은 잃어도 사람은 잃지 말라 했던가, 지금 그 사람은 떠나고 고요한 소풍길만 남았기에 차근차근 풀며 출발해야 하리라.

　지인들과 왔던 길 돌아서려니 아쉬움 남는다. 언젠가는 다시 찾아올 항구, 곤고한 가족에게 나도 등대이고 싶다. 그 마음으로 두 채의 등대에 생명을 담아 다시 쓴다.

6부
상처를 사랑하다

사돈 나무
미나리꽝을 지나다
상처를 사랑하다
실뜨기
꽃받침 예찬
나팔꽃 부부
기다리는 남자
틈새를 보다

사돈 나무

　봄이면 나무를 덮는 하얀 꽃이 있다. 그 꽃이 산사 꽃인 줄 몰랐으므로 미안하다. 집 앞에 산사나무 여러 그루가 있어, 아침 산책길에 오며가며 눈 맞춘다. 꽃잎은 다섯 장이고 나무가 보이지 않을 정도로 피어나는 작은 꽃들의 모임이다. 지나는 이마다 탄성 올리며 그 앞에 머물다 간다.

　얼마 안 있으면 다시 가을이다. 아무리 붉어도 못다 붉은 사랑이 익고 또 익어 검붉은 열매가 된다. 장미과에 속하는 산사, 작은 구슬 같은 새빨간 열매는 '산에서 자라는 사과나무라고 해서 산사나무라 부르기도 한다.' 니 모양에 걸맞게 이름도 사랑스럽다. 그 산사나무로 나의 산책길은 더욱 낭만적이다.

　언젠가 지인 몇 명이 소풍간 적 있다. 하루를 즐기고 돌아오는 길인데 발밑에 붉은 열매가 즐비하다. 열매를 따라 주우며 가다 머리를 들자 ○○대 안이다. 그곳 담장 안에도 꽃사과 막내 동생쯤 되는 붉은 산사열매가 즐비하다. 이미 변하는 계절 따라 바람과 햇살이 열매의 수분을 어느 정도 걷어간 상태이다. 그 예쁜 열매를 한 알씩 주워 배낭에 담다 보니 우리 일행은 모르는 사이 담 안에까지 들어가게 되었겠다. 고의는 아니다. 한 지인이 나무를 한 번 흔들어대자 헤아릴 수 없을 정도의 열매가 머리 위에서 뒤통수로, 어깨로, 발밑으로 산사비가 되어 내린 것이다.

양복 차림의 남자 직원은 더 주워가라고 부추기는데 빨간 열매처럼 우리의 웃음은 농익어간다. 그만 주우라고 해야 그 자리를 박차고 일어날 텐데 만류하지 않는다. 직원의 목에 건 명찰을 보면서도 그 이름이 '김산사'로 읽혀질 만큼 아물거린다.

무거운 가방 들고 집에 와 쏟아 놓자 소쿠리로 한 가득이다. 물에 식초를 풀어 밤새 담가 두었다가 산사엑기스를 내기 위해 항아리에 담아놓는다. 그 열매 지금껏 내 부족한 요리 솜씨에 도움이 된다. 그날의 산사나무를, 전설 속의 나무를 내가 사는 동네에서 다시 만나게 되어 두 배로 반갑다.

산사 열매에는 많은 이들이 알고 있는 풍류적인 유래기 전해진다. 어느 선비가 잠이 안 와 사돈과 술 한 잔 하려고 집을 나섰는데 갑자기 물이 불어 개울을 건널 수 없는 상황이 되었겠다. 그때 선비의 사돈도 잠이 안 와서 역시 사돈과 술 한 잔 하려고 나왔으나 개울 앞에 멈춰 서고 만다. 서로 건너지 못할 개울을 가운데 두고 마주보고 앉아 술을 마시는데 앉은 자리가, 위는 없고 밑동만 남은 산사나무였다는 것이다. 그날부터 사돈

나무가 되었다는 유래가 있다.

　술을 마실 줄 모르는 사돈지간이라면 아마도 산사차를 마주했을 수도 있겠다. 후각으로 향을 음미하고 따스한 차 한 모금에 넘실거리는 개울물은 문젯거리도 아니었을 터이다. 아니 넘실대며 흐르는 물이 있기에 풍류를 더 했겠다.

　마침맞게 우리 동네 산사나무 앞에도 개울보다 큰 골짜기가 있다. 골짜기를 두고 사돈지간의 우렁찬 일화가 호기로운 웃음을 자아냈지 싶다. 산사의 붉은 열매에는 소중한 자식을 한 명씩 나눠가진 양 사돈의 아름다운 가족 사랑이 담겨있다.

　지난날이다. 산사열매 술을 직접 담가 이십여 년간 애지중지 깊은 맛 들여 쟁여두던 아버지. 내 결혼 후, 새 사위에게 내 놓던 그 묵은 술도 무심히 볼 일 아니다. 술 한 잔 못하는 아버지가 사위를 위해 아끼던 술은 새 가족을 위한 준비이다.

　마침 가을이다. 산사 열매를 수확할 때가 온다. 스스로 남쪽하늘만 바라보고 안팎으로 익혀가겠다. 내 아버지가 사위에게 했던 것처럼, 늦었지만 나도 백년손님에게 내어 놓을 장모의 사랑을 항아리에 눌러 담아야하겠다. 산사주가 익을 때쯤이면 우리 가족은, 술을 안 마셔도 사돈을 초대한다는 말이 '술술' 나오리라. 지금 내 집 앞에 출렁이는 개울은 있으나 집안에 창을 부르는 광대가 묵어갈 74채의 집은 없다. 하나, 양 사돈은 산사나무 등걸에 앉아 수궁가나 적벽가를 부르며 거나하게 취하겠다. 바깥사돈

끼리는 술과 풍류에 취하고 이야기를 듣는 나는 그 분위기에 젖어들 터, 사람 사는 맛이다.

하면, 산책로에서 매일아침 반겨주는 산사나무와의 만남은 필연이다. 그 나무에 꽃구름 얹고 열매 달고 떨어내기까지 바람과 햇살에 버무린 결과이다.

사돈지간을 위한 축제의 나무요, 빛깔 좋은 술맛처럼 다복한 일들만 주렁주렁 열리기를 빌어주는 그 나무를 사랑한다. 어쩌면 산사나무가 양 사돈의 수호신이라 해도 지나친 표현은 아닐 것이다.

이 세상에서 가장 믿을 수 있는 것은 사돈의 것만이 진짜라고 한다니, 그만큼 소중한 관계이다. 자식을 나눠가진 사이로 속일 수 없는 관계이므로 영원히 가족 그 이상으로 지내야하는 입장이다.

하여, 사돈 사이의 것만 진짜라고 했겠다. 그 사돈 사이에는 이스트처럼 부풀리거나 거짓말이 없는 사이라고 들어온다.

하지만 한 사돈은 이미 떠났으므로 인생무상이다. 늦었으나 이제라도 서로 존중하는 관계라 천명하고 싶다.

미나리꽝을 지나다

불러주는 연둣빛에 안 넘어가는 재주 없다. 뒤 방죽에 나물 캐러 나가는 길이다. 담배나물 순과 여린 쑥을 뜯고 황토흙 속에서 냉이를 캐낸다. 봄날의 금이나 다름없다. 고들빼기도 튼실하다. 쓴맛이 몸에 좋다하여 망설임 없이 캐서 담는다.

시간은 얼마나 흘렀을까, 일어났다 구부렸다 아픈 허리에 미안하다. 결국 풀밭에 털썩 주저앉아 촘촘한 봄나물을 도려낸다. 향이 코끝과 손끝을 훑고 한참을 머문다.

일어났다, 앉았다를 반복하다 걸으며 하나씩 뜯는다. 나중엔 나물을 보고도 못 본체한다. 돌아가야 할 시간이다. 그 때 눈앞에 미나리가 한 무더기다. 아니 두 무더기다. 미나리꽝이 길가에 진보랏빛으로 야무지게 앉아 있다. 반가운 자연산이 펑퍼짐하다. 손으로 뜯자니 너무 어린 편이다. 아까운 마음에 한 줌 뜯어다, 어른 주먹 정도의 좁은 화분에 심고 물을 준다.

동그랗고 귀여운 미나리꽝이다.

며칠 후 딸이 백년손님과 아이들을 데리고 들어온다. 점심상에, 베란다 화분에서 미나리 한 줌 잘라와 상에 얹는다. 우리 집에서 첫 수확한 미나리라고 으스댔겠다. 아이들이 잘 먹었다고 웃으며 상에서 물러난다.

거름이라곤 준 적 없다. 물만 가끔 주었을 뿐이니 가장 쉬운 농사가 미나리 아닐까 싶다. 미나리는 아무데서나 잘 자라는 생명력 강한 식물이다. 오죽하면 「미나리」 영화도 있겠는가. 향과 맛과 영양 세 가지를 한꺼번에 잡는다.

미나리꽝하면 시골의 우물가가 떠오르고, 강한 생명력과 함께 지난날을 불러오게 된다. 우물가의 물이 논으로 흘러가는 개골창 끝에서 다부지게 자라던 미나리다. 햇살 맛있게 쬐어 진보랏빛 대 올리며 튼실하게 자라 나물이 된다. 우물가 아래로 흐르는 그 물만 마시고도 잘 살아낸다. 샘물 두어 바가지 부어주며 미나리의 생명력에 감사를 표한다.

미나리 농사짓는 마을을 가끔 지날 때가 있다. S포구 지나 조붓한 시골길로 들어서면 왼편은 미나리 밭이다. 벼대신, 풀피리 부는 사내의 조끼빛으로 미나리가 살고 있다. 논에 미나리를 경작하는 마을이다.

논 뒤의 고래 등 닮은 기와집이 미나리꽝과 잘 어울린다. 결혼 전 그 집에 살던 아들을 소개받은 적 있어 지날 때마다 저절로 눈여겨본다. 벼를 심던 푸른 논에 미나리 농사를 짓듯 그 집에 살던 사람들도 다 떠나고, 다른 누군가가 농사를 지을 수도 있겠다. 어쩌면 아직도 고향 떠나지 않고 그 마을과 큰 집 지키며 조상 모시고 살아가지 않을까 싶기도 하다. 잘 생긴 그 총각은 이미 아이들의 할아버지 되어 해 넘어 가는 할미인 나처럼 순리 따라 살고 있겠다. 밭이 미나리꽝 되어버리듯 강하고 우직하게 살리라. 손에 괭이나 삽은 전혀 어울리지 않던 그 남자, 어쩌면 장화 신고 손에는 낫이 들려 미나리를 베고 있는 모습 가끔 지나쳤지 싶기도 하다. 각자 자신의 '삶'을 사느라 내가 나를 잊고 살아간다.

나의 꽝에는 내 남편과 아이들의 아이들이 각자의 논과 밭을 일군다. 초록빛 색연필을 시작으로 아이들은 무지개만 그리는 게 아니라 배려와 인내를 그리며 자라난다. 튼실한 미나리처럼 푸르게 움이 돋는 것이다.

개척의 논, 제자리에서 농부의 잘 자란 아이들은 짙푸른 미나리를 베고 엮어 내다 팔며 다시 미나리꽝을 만들며 살아가겠다. 학비가 되고 일용할 양식이 될 진주 같은 쌀을 사며 인생을 배운다는 짐작이다. 아이 낳고 부자간에 눈썹 위 점까지 닮았다며 가족들은 둘러앉아 파안대소하겠지.

살다가, 살다가 시골이 도시가 되듯, 세월 가면 지금의 미나리 밭은 다시 기름진 논으로 돌아갈 수도 있다. 내게, 왔던 길 되돌아 갈 때가 오듯 그 미나리꽝도 본래의 논으로 돌아가는 날 나는 어떤 모습일까 그려본다. 미나리처럼 강하게 살지는 못했어도 짙은 여름 날 초록빛의 근사치로 살지 않았을까 다독인다.

나물 캐다 발견한 쑥, 사는 게 그러하다. 쑥인가 하면 미나리를 발견하고 살아가면서 새옹지마가 되거나 나물에서 약성 좋은 효과를 얻기도 한다. 최소한 봄을 발견하고 계절 마중 끝냈으니 그로써 큰 보상은 받았지 싶다. 미나리처럼 강하게 산다면야 어려운 일은 없을 터, 그렇게만 살지어다.

상처를 사랑하다

　가도 가도 끝없는 사과의 고장이다. 차창에 스치는 붉은 열매들의 장관을 지나칠 수 없어, 상주의 사과 과수원 옆에 수고한 차를 멈춘다. 친구들은 일제히 환성을 올리며 자기 과수원인 양 사과밭으로 뛰어든다. 중추절이 며칠 뒤니만큼 출하를 서두르기 위해 사과나무 밑에 반사필름을 깔고 있다. 그 모습 인상적이다. 햇볕의 사랑을 두 배로 받아 발그레 부끄럼 타는 사과가 탐스럽다.
　거름과 정성을 듬뿍 주어 당도가 높다고 과수원 주인은 목청을 높인다. 노란 꿀이 수줍게 들어앉은 사과 한 상자를 사 놓는다. 까치가 먹은 사과가 달달하다며 한 봉지 덤으로 준다. 너도 나도 사과를 물거나 들고 차에 오르는 모습 진풍경이다.
　과수원 주인이 따라 나오며 상처 난 사과들을 정성스레 모은다. 주인은 상처 난 사과 한 개라도 함부로 하지 않으며 못생긴 것은 자신의 책임이라도 되듯 애틋해 한다. 우리는 잘 생긴 사과 한 입씩 베어 물었으나 주인은 평생 성한 사과 한 개도 맛볼 수 없다. 차에 사과를 싣다보니 성한 사과가 드물다. 우박을 맞았다고 하더니 딱지 떨어진 상흔이 애처롭다.

나라고 해서 살아온 길에 상처 없지는 않았겠다. 사과에 흠을 내고 사라진 우박처럼 내가 남을 향해 상처를 주고 모른척한 일은 없는지, 이런저런 일로 오해한 적은 없는가, 그 또한 나의 흠이겠기에 마음 편치 않다.

하나, 상처 난 과일이 달다고 하는 걸 보면, 과일이나 사람이나 부대껴야만 깊이 성장하나보다. 거저 되는 것은 없지 싶다. 얼마나 잘 생겼느냐보다 어떻게 세상풍파를 잘 이겨내느냐가 중요하다. 하여 잘 생긴 사과보다 흠 있는 사과에 애착이 간다.

지난날, 사업하는 남편의 내조자로 어려움 없지 않았으리라. 그로 인해 웬만한 일 앞에서 굳건할 수 있는 것은 지나간 날들이 버팀목 되어서이다. 하면, 상처를 두고 원망만 할 일은 아니다. 무조건 감사할 일도 아니지만 마냥 해가 되지는 않는다. 아픔을 당한 시기에는 흠이 난 사과처럼 마음에 상처가 많았으나 그 책임의 절반은 내게도 있지 않을까 한다. 하면 내가 어찌해야 하는지도 분명해질 터이다. 사과에게 비타민이 풍부하다면 내게는 부족한 부분이 있을지도 모른다. 분필 잡고 교단에 서야만 스승은 아닐 터, 흠 있는 과일이 나의 교과서라 해도 나무랄 사람은 없겠다.

'흉터는 일종의 축복이라고, 흉터는 생애 내내 우리를 따라다니며 많은 도움을 준다.'고 노벨문학상 수상자, '파울로 코엘로'는 말한다. 살아가는 어느 순간 자기 만족을 위해서, 혹은 다른 무언가를 위해서 과거로 돌아가고자 하는 욕구가 커지려 한다고 했겠다. 그때마다 흉터를 가만히 들여다보고 있으면 된다고 글로 짚어준다. 흉터 없는 생은 없을 테니까.

'못생긴 건 용서해도 센스 없는 사람은 용서 못 한다'는 내 아이의 말 속에도 외모보다 인성이 포함되겠다. 사과밭에 오니 못나고 잘난 인품이 더 잘 보이는 것은, 내게 보내온 충고라 여긴다.

지구의 종말 앞에서도 사과나무를 심겠다던 스피노자를 모를 리 없다. 그가 존경스럽다. 나를 깨닫게 해준 과수원의 사과에 감사하려니 모 회사의 사과 로고도 예사로 안 보인다.

살다 보면 상처 입을 때가 있고 남의 상처를 치유해 줄 날도 있다. 상자 속 사과 한 개가 썩으면 한 상자가 서서히 다 썩어간다며 자신이 그 썩은 사과가 아닐까 염려한 '임' 시인도 있다. 살아가며 상처 안 받는 사람 없듯 끝내 썩지 않는 사과는 없을 터이다. 상처를 사랑하므로 못생겨도 맛있는 사과를 좋아하나, 썩지 않는 독한 사과가 있다면 선호하지 않겠다. 만약 내가 사과라면 어떤 사과일까, 두 번 살펴볼 일이다. 하여, 물음표를 끌어온다.

실뜨기

아홉 살배기 손주가 실뜨기 하자며 옆자리에 앉는다. 옛날에 할머니가 아빠에게 가르쳐 준 전래놀이로 들었다고 묻는다. 그 당시 이불 꿰매는 굵은 실로 아이들과 놀이를 했던 기억이 있다.

요즘은 문방구에서 색색의 실을 판매하며 초등학교 교육과정에 실려 있다니 고맙기도 하다. 실뜨기가 창의력을 키워준다는 아들의 말에 지난 날을 소환하며 실뜨기의 도움말을 찾아본다. 실뜨기의 모양에는 '날틀, 쟁반, 젓가락, 베틀, 소의 눈 등의 실뜨기 모양'이 있다며 한 동영상을 보여준다. 아이를 키우는 누군가의 세세한 그림과 설명이지 싶다. 반가운 것은, 그때는 장난감이 별로 없어 무명실로 연구해냈겠다. 지금은 장난감이 많아도 실뜨기는 새로운 놀 거리가 되고 있다. 피아니스트처럼 양손을 이용하다보니 한참 자라는 아이들이나 연로한 노인의 놀잇감으로도 안성맞춤이다.

아이들과 놀다 보니 떠오르는 영화가 있다. 영화 「데시벨」이다. 주인공 강도영은 배우 김래원의 주역으로 전개 된다. 바닷속에 훈련 중 해군잠수함이 어뢰에 맞는다. 깊은 바다에서 올라올 수 없는 상황이 되자, 해군 잠수함에 산소가 부족하게 되고 장병들은 절박한 시름에 잠긴다. 병사 절반이라도 살려내는 방법이 있다면 붉은 털실을 여러 겹 차이 나게 구부려 잘라내는 것이 전부다. 장병들은 한 사람씩 눈물을 머금고 잘라낸 실을 김래원의 주먹에서 뽑아든다. 긴 실을 선택한 해군은 살아남고 짧은 실은 생을 포기해야하는 절체절명의 상황이다. 생사를 가름하여 희비가 엇갈리는 순간인 것이다. 전대원은 헤어져야 하는 운명 앞에서 통곡마저 삼킨다. 죽기를 각오하면 못 살 것도 없지 싶었는데 이 경우는 다르다. 각오가 아니라 보이지 않는 사약을 눈앞에 두고 당장 실행해야하는 것이다. 그 순간 남은 병사나, 떠나는 병사나 다 죽은 목숨이 되어버린다. 결국 이십육명은 사라지고 만다.

내 아이들과의 실뜨기가 그 때와 '오버랩' 되는 것은, 단순히 빨간 털실 때문만은 아니다. 지금의 순진하고 천진난만한 아이들의 앞날을 그려보게 된다. 어린이가 커서 군인이 된다. 다시 아이의 아버지가 되어 실뜨기를 하는 그 앞날을 알 수 없기에 기도하는 마음이 일었을 터이다. 어쩌면 상상이 지나치다고 하겠으나 그것이 자손을 둔 할머니와 부모의 마음이다.

어느 영화는 한 배우의 깻잎 떼어주는 장면으로 성공했다고 알고 있다.

데시벨은 주인공 김래원의 주먹에 남겨진 두 개의 털실 중 한 해군이 짧은 실을 뽑으려하자, 래원은 놓지 않으려 한다. 왜 그걸 빼느냐며 안으로 오열하는 몸부림, 그 순간을 명장면으로 올리고 싶다.

　지난날 뜨개실이 부족하던 시절엔 낡은 스웨터를 풀었다 떴다하며 재활용했던 실이다. 대바늘로, 아버지 조끼가 내 머플러 되고 내 머플러가 동생들 장갑이 되던, 파랗고 빨간 실이다. 그때의 동화적인 빨간 실이 해군 함정의 병사들 목숨 줄을 쥐락펴락 하고 있다. 해군부함장 강도영(김래원)역의「데시벨」, 그 스릴 있는 감동이 나만의 것은 아니리라. 하나, 김래원의 주먹에 든 붉은 실엔 안타까운 목숨 줄이 쥐어져있는 것이다. 소리의 크기에 따라 폭파되는 영화는 끝까지 숨죽이며 몰입하게 된다. 나름의 느낌이다.

　잠시나마 현실감에 젖었던 주인공의 인간미 흠씬 담긴 연기에 감동하고 제자리로 돌아온다. 관람자의 개인차는 있겠으나 『데시벨』의 배우들에게 감사히고 싶다 실뜨기에 비유하는 데시벨은 나만의 감동이 아니길 바라는 마음이다.

　어느 교수는, 인간미를 보여 줄 흥미나 자질을 가진 사람만이 수필을 쓸 수 있다고 말했다. 영화도 마찬가지다. 따라서 황○호 감독의 철학과 인간미를 건져낸 지울 수 없는 영화이다. 개인차는 있겠으나 나의 느낌은 그만하면 괜찮지 싶은 것이다.

그런가하면 잠깐이지만 아이들과 함께 동심으로 돌아간 시간은 맑음 그대로이다. 다가올 앞날의 시간을 어떤 색깔로 맞이할지 알 수 없는 그 날을 실뜨기 하며 그려본다. 유아적인 빨강의 실뜨기 실이 엉킬 때는 형클어진 실을 풀며 웃어대는 재미가 있다. 반드시 붉은 실이라야 된다는 법은 없겠으나 영화의 한 장면을 상기하고 있다. 어차피 내가 늙으면 다시 아이가 될 터, 실뜨기는 늙어서도 필요한 놀잇감이다. 가족 삼대가 함께 즐기는 놀이로 은근히 중독성이 있다.

산다는 게, 실 가닥 같은 운명 아닐까 한다. 이 끝에서 저 끝까지 평탄하게 살기란 쉬운 일 아니다. 해와 비와 강풍 사이에서 오락가락 맞부딪치며 살아가는 게 인생이다. 그 길에 남에게 상처 안 주고 고운 말 주고받으며 살다 보면 햇살과 한바탕 소나기가 교차 될 날 있겠다.

남은 날에, 오늘은 어린 아이들과 내일은 먼 곳 여행에서 못 돌아오는 신랑이지만 가족과 함께 그리워할 것이다. 그러다 옛 이야기 풀어 놓듯 가끔 실뜨기하며 그렇게 살아가리라.

꽃받침 예찬

 행사 끝난 후이다. 주인공이 내게 꽃다발 하나를 안겨준다. 꽃다발 대신 작은 성의 표시만 했을 뿐인데 꽃이 많다고 덥석 안겨준 것이다. 내게 꽃을 준 사람과 그 꽃다발 예술로 승화시킨 꽃집 여인이 떠올라 포장지 풀지 못하고 있다. 하루 종일 행사장에서 남의 기분 추어주느라 시달렸을 꽃이다. 꽁꽁 묶여 있으니 답답하지는 않을까 해서 풀어주고 싶다. 풀자니 꽃집 아가씨가 떠오르고 그대로 두자니 답답한 꽃에 걸려든다.
 혹여 지나온 날에 내가 누군가의 가슴을 조여 왔다면, 정말 아름다운 사람이라고 풀어주지 않은 적 있다면 집착 아닐까 하여 돌이켜본다. 이제라도 사과하며 놓아주고 싶은데 마음이 꽃 같은 여인을 두고 하는 말이다.
 꽃 앞에 서면 모든 안 좋은 일들이 사라지므로 무장해제이겠다. 돌아와서도 그 꽃의 꽃말을 찾고 원산지를 확인하며 신상 털기를 해댄다. 하곤 떨어진 꽃잎은 주어다 책갈피에 끼워 놓는다. 꽃은 살아서 기쁨 주고 꽃

잎을 놓은 후에도 눈요기하게 되므로 두 번 살아간다. 자리바꿈해도 홀대 받지 않는 꽃이 있어 꽃자리는 더 우아하게 빛난다. 순응하는 시선도 따라간다. 꽃은 지는 게 아니라 열매를 달거나 잎을 틔우기 위해 자리를 비켜주는 것이다. 어떤 형태로든 다음에서 그 다음으로 이어지는 것이리라.

공원으로 산책을 나간다. 해당화 꽃길에서 꽃에 앉아 꿀을 따는 벌 한 마리 발견하고 발길을 멈춘다. 꽃에게는 꽃 세상이 있어 잠시 엿보는 것이다. 해당화에게 바람과 공기와 해와 바람이 있듯 나도 마찬가지다. 벌이 안 모이는 꽃은 꿀과 향기가 없고 사람 앞에 사람 안 모인다면 따스한 정의 부족 아닐까 싶다. 향기 없는 사람은 나름대로 팍팍하게 살고 향기 없는 꽃은 그 꽃대로 살아가자니 외롭겠다는 느낌이다. 향기 없는 꽃을 봐도 우리는 꽃이라 부르지만 인성 안 좋은 사람은 폄하가 따른다. 물론 내가 거기에 속하지 않기를 바라는 마음 크다. 사람다운 사람으로 살아야 하니까. 꽃은 꽃답게, 새는 새답게 나아가 나는 나답게 살아야한다. 나다운 건 무엇일까 짚어본다. 나 알뜰하게 살자고 남 피해주면 안 될 것이고 나 편히 살자고 주변에 눈살 찌푸리게 하면 안 된다는 거 알고 있다. 하나. 마음대로 안 되는 게 사람 살아가는 일이다.

어느 날, 여섯 살배기 손녀에게 제 어미가 묻는다. 어떤 남자와 결혼하겠느냐고 하니까, 머뭇거림 없이 평범한 남자와 결혼하겠다는 답이 돌아온다. 우리의 질문이 식상한가, 아이의 답이 식상한가 머뭇거렸으나 아이의 답이 진리다. 순간, 가장 평범하고 아름다운 여섯 살짜리 꽃을 보았지 싶어 흐뭇하다. 과연 인간화초이다.

이제 그 아이에게서 떡잎 지고 변화가 오겠다. 이왕이면 어린애다운 꽃, 더 바란다면 향기는 연하고 잎은 싱싱하기를 바란다. 맑은 공기와 아름다운 햇살 있다면 부족한 점 없을 터이다. 어쩌다 새들이 청아한 공기를 가르고 날아와 무심히 '툭' 치고 간다하더라도, 내 아이와 남의 아이의 직선과 곡선은 잘 어우러지길 바라는 것이다. 누군가의 예술이 닿은 꽃다발처럼.

오늘따라 꽃들이 자세히 보인다. 나아가, 완벽한 꽃 한 송이 받들고 있는 것은 잘 안 보이는 꽃받침이다. 꽃이 무너지지 않도록 받치고 있는 꽃받침이 대견하다. 자칫 하찮게 여겨 관심 없이 지날 수 있으나 없는 듯 중요한 역할을 하고 있다. 받침은 사랑이고 보호자이다. 꽃잎은 그의 품에 안겨 소임 다하고 자리 넘겨준다. 내 아이에게도 좋은 모습 스며들게 해야 어린 꽃봉오리도 곱고 튼실하게 자라겠다. 내 가족이 그 아이의 꽃받침이니까.

만약 꽃에 꽃받침이 없다면 꽃은 한 송이가 아니라 낱장으로 흩어지리라. 혼자서는 아름다울 수 없다고 증명하는 것이다. 꽃잎보다 꽃받침 같은 사람 되고 싶다는 생각은 나다움으로 사는 것이겠다.

어느 책이던가, '정희 왕후가 숨겨둔 병풍 뒤에는 상궁이 있다. 상궁은 정희 왕후의 정치를 도왔고 왕후는 상궁의 혜안이라고 했겠다. 상궁은 자신을 뒤에 둔 왕후의 대안'이라고 공을 돌렸으리라. 그 글을 읽으며 아름다운 꽃과 꽃받침에 비유를 둔다.

감히, 내 뒤에는 누가 있으며 나는 누구 뒤에 있을까도 되짚어 본다. 그동안 꽃받침 없는 꽃 한 송이는 아니었을까 싶다. 하면 내세울 것 없으니 아직 꽃 피우지 못한 화단 앞에서 들고 있는 꽃삽이 무색하다.

행사장에서 받은 꽃을 풀어놓는다. 베란다에는 목이 길어 그리워하는 사람을 생각나게 하는 꽃병이 있다. 한 송이 길게 꽂으며 오늘의 주인공을 떠올린다.

나팔꽃 부부

어떤 꽃이 좋으냐고 묻는 사람들이 있다. 누구나 꽃이라면 다 좋아하겠으나 굳이 말하라면 유년 시절부터 보아오는 꽃들에 관심이 많다. 오늘은 보랏빛 나팔꽃에 이끌린다.

나팔꽃 씨앗은 검은 모자를 쓰고 무거운 땅의 문을 밀어 올린다. 그 모습 관찰하다보면 경이로운 새 생명에 감동 안 할 수 없다. 호미 한 자루 없이 맨손으로 무거운 흙 비집고 나온다. 그때마다 연약한 속살이 얼마나 쓰렸을까 싶어 동정이 간다. 사람이나, 식물이니 산다는 것은 쉬운 일 아니라고 상기시키는 순간이다. 나팔꽃은 없는 길 탓하지 않고 만들면서 나아간다. 울타리나 해바라기 혹은 꽂아 둔 지지대를 타고 좁은 길, 벼랑길 마다하지 않는다. 살아갈 날을 아는 것처럼 단단히 신발 끈 고쳐 매고 말티 고개 오르듯 출발부터 신산하다. 누가 어려운 길 가라고 등 떠밀지 않았건만 서슴없는 출발이다.

세상을 쉽게 봤다면 나팔꽃은 가는 길, 지그재그로 가지 않았을 것이다. 부드러운 승차감의 평탄한 길을 모를 리 없건만 그 꽃의 걸음걸이는 기어가는 게 아니라 돌아서 올라간다. 욕심을 채우기 위한 길이었다면 그 길을 택하지 않았겠다.

  나팔꽃은 메꽃과로 한해살이 덩굴 식물이다. 개화기는 7,8월로 진홍색과 보라색이 주를 이룬다. 백색도 있으나 만나기 쉽지 않거니와 만난 적도 없으리라. 우리 가요에, 아침에 피었다가 저녁에 지는 꽃으로 노랫말에서 자주 접한다.

  나팔꽃말을 보면 한편의 슬픈 희곡을 보는 듯하다. 안정을 깨트리는 훼방꾼이 있어서이다. 그 여린 꽃에 아픈 전설이 전해온다. 한 화백이 아름다운 아내를 두었으나 아내를 탐한 고을 원님으로부터 화백의 아내는 누명을 쓰고 옥에 갇힌다. 화백은 정신에 문제가 생기게 된 상태에서 두문불출하고 그림에만 몰두한다. 심혈을 기울여 그려낸 그림을 옥살이하는 아내의 창 아래 묻어놓고 그 자리에서 극단적으로 생을 마감하고 만다.

  다음 날 아침, 미모의 아내가 창밖을 내다보자 그곳에는 아름다운 나팔꽃이 만개했으니 안타까운 사랑의 결말이다. 그런 연유로 꽃말은 '풋사랑', 혹은 '덧없는 사랑'이라고 하였겠다. 아픈 사랑에 안타까운 마음 떨칠 수 없다. 창밖의 죽은 나뭇가지 타고 오르는 나팔꽃, 그간 무심하게 대하던 쪽빛과 암자주 빛 그 꽃을 이제야 이해하게 된다.

  높이 오르고 올라서 옥 안 들여다보며 사랑하는 아내 만나고 싶어하던 꽃, 구절양장 사랑 길이다. 창밖에서 숨겨간 애절한 사랑은 그 어디에도 비길 데 없다.

전설 속의 화백은, 옥살이하는 아내를 의식하며 혼자만 편히 지낸다는 죄책감에 고통스러웠으리라. 하여, 불편한 왼쪽방향으로 아프게 감아 올라갔다고 짐작된다. 다른 꽃들과 다르게 하필이면 왼쪽일까 궁금하던 중이다. 애타는 마음으로 창살 안의 아내를 들여다보던 그 속이 오죽했을까 싶다. 창문 아래 그 화백도 옥살이 하는 아내에게 죄스러웠을 것이다. 하여, 불편한 왼쪽으로 감아 올라가며 더 아파하였다면 안 맞는 비유는 아니지 싶다. 이것이 대본이라면 꽃으로 환생한 신랑과 그를 바라보는 신부의 애절한 마음으로 희곡은 끝이 났겠다.

언젠가 마음에 와 닿는 글 한 구절을 만난 적 있다. 어느 교수의 강의 도중에 학생들이 말한 내용이다. '교실 오른쪽으로 움직이면 미소를 짓고 왼쪽으로 움직이면 미소를 거둔 것이라'는 말이다. 교수는 자신도 모르는 사이 조종당하여 강의 내내 오른쪽에서 수업을 했다는 글이다. 보통 오른쪽은 긍정을 나타내고 왼쪽은 부정을 뜻하기에 갖게 되는 심리상태인 것이다.

나팔꽃은 쪽빛 사랑이지 싶다. 흔하지 않은 애정에 용기를 주고 싶다만 가고 없는 사랑으로 전설의 꽃을 쳐다만 본다. 뭉클한 가슴으로 내 사랑에 대해서도 되짚어보려니 반성의 순간이다.

누군가, 또 어떤 꽃이 좋으냐고 묻는다면 망설임 없이 나팔꽃이라 대답할 것이다. 못 다한 사랑이 있어, 책갈피에 눌린 나팔꽃조차도 예사로 안 보인다. 하여, 언젠가는 왼편으로 가든, 오른편으로 가든 평생 함께하던 사람이 머무는 곳으로 가겠노라고 말하고 싶다. 그 사람이 떠나고 거리를 두고서야, 꽃 한 송이 바치며 그를 기린다.

기다리는 남자

 서창동으로 이사하고 기다리는 남자가 있다. 내 남자와 함께 기다리는 사람은 두부 장수다. 남자는 허름한 바지에 편안한 점퍼차림으로 종소리 울리며 다가온다. 매주 화요일과 목요일 저녁 여섯 시면 시퍼런 트럭 한 대 몰고 오는 중년 남자이다.

 남편이 어찌나 두부 장수를 칭찬하던지 궁금하던 중이다. 주먹에 만 원 짜리 한 장 쥐고 목을 빼고 서성인다. 종소리 들려오는 방향에서 아파트 주부들의 유쾌한 웃음소리도 덩굴에 날린 듯 따라온다.

 남자가 어묵과 찐빵과 달걀이나 꽈배기를 판매하는 모습 순박하고 부지런하다. 달걀 장수를 기다리는 데는 사연이 있으니, 찐빵 속 팥 맛에 속임이 없어서이다. 유년 시절 처음 먹어본 팥 맛이 두부 장수의 빵 속에 숨어 있다. 하나, 진짜 팥 맛은 중년의 두부 장수에게서 우러난다.

 어느 날, 이것저것 사 담는데 만 원 한 장으로는 천 사백 원이 부족하다.

자그마한 부추 한 단을 내려 놓으려하자, 다음에 달라며 얼른 집어준다. 나하고는 처음 거래를 트는 사람이다. 잊어버리면 안 줄 수도 있건만 처음 본 나를 믿어준 점이 고마워 유쾌한 첫 거래를 트게 된다.

그것만이 아니다. 팔다 남은 찐빵과 순두부 두 봉지를 덤으로 담아준다. 그 후로는 그의 단골이 되고 있다. 길에서 만나면 두부 장수가 종소리 울리며 오기 전에 내가 먼저 반갑게 달려간다. 안살 것도 사게 된다. 오후 여섯 시면 공동현관 여기저기서 두부 장수를 기다리는 사람들 목이 사슴처럼 길어진다.

그는 찐빵이나 두부를 팔지만 그에게서 시골 두부나 팥 맛 향기로운 인간미까지 덤으로 받아온다. 그 흔한 간판이나 하다못해 좌판 하나 없는 떠돌이 두부 장수에 불과하다. 하나, 상도덕만은 어느 대기업의 세련된 회사원 못지않다. 평수를 자랑할 만한 큰 가게 아니고 휘황찬란한 네온사인의 거리 중심에 있는 것도 아니다. 이 동네 저 동네 후미진 아파트 둘레를 트럭 한 대로 돌고 돈다. 저녁을 두어 시간 뒤에 두고 어김없이 나타나는 두부 장수는 약속을 아는 사람이다. 그 약속이야말로 장사 밑천이자 번듯한 가게이며 신용이다. 약속과, 옛 맛과 후한 인심 그 세 가지로 승부를 건다. 땅 한 평에 수백, 수천만 원 호가하는 도심지 중앙의 가게는 엄두도 못 내지만 한 트럭의 식품은 하루에 다 팔려나간다.

이제는 그를 믿어주는 단골들이 많아졌으나 그 트럭에서는 싸게 달라거나 더 내라거나 하는 흥정은 없다. 치열하게가 아니라 여유롭고 넉넉하게 서로 믿고 사는 상도의에서 우러나는 모습 훈훈하다.

어쩌면 시대가 발전하며 상인이나 고객이나 시대정신이 고급화된 덕도 없지 않아 있겠다. 서로를 배려하고 존중하는 마음에서 우러나는 인정의 작용이다. 누가 요즘 세상을 각박하다고 하는가, 잘못된 말이다.

그와의 인연은 내 살던 곳을 옮기면서 끝이 나고 말았으나 아직 그 종소리 귀에 남아있다. 좋은 사람 만나기란 쉽지 않건만 아니, 좋은 사람으로 살기란 더 쉽지 않은데 아쉬운 헤어짐이다.

그를 기다리던 종소리, 내 사는 날에도 좋은 날과 안 좋은 날 가려 그때그때 소리로 알려주다면 좋겠다는 생각이다. 어쩌면 마음씨 착한 두부 장수는 내 건조해져가는 생에 반찬거리는 물론이요, 마음의 양식 전해주러 나타난 귀인이지 싶다. 착각이라도 좋아서 살던 마을 건너다보려니 종소리 환청처럼 들려온다. 바람타고 왔나보다. 헤어짐은 만남을 약속한다고 했겠다. 멋진 사람과의 이별이기에 짧은 만남에라도 감사하는 오늘이다.

아주 오래전 남편의 회사 부근에서 본의 아니게 식당을 운영한 적 있다. 이민 가는 친구가 급히 넘겨주고 떠난 식당이다. 그 동네엔 사무실 빌딩이 많아 한 달 점심값을 월급날 계산하던 시절이다. 내가 처음으로 그 높은 빌딩 사무실을 서먹하게 들어서자, 한 직원이 깊은 목례를 하며 다가온다. 잠시만 기다리라더니 직원은 깔끔하게 정리된 여러 명 분의 봉투를 주며 하는 말,

"사모님 더 잘 어울리시는 일도 있을 것 같습니다."

라는 말에 나는 당황하여 목례만하고 빠른 걸음으로 돌아온 기억이 있다. 내가 매사에 안 어울리는 여자인가, 그럼 그 두부 장수는 잘 어울리는 사람이었단 말이지. 요즘 새삼스레 그날을 떠올린다. 무엇을 해도 잘하는 사람이 잘 어울리는 사람이겠다.

부드러움이 강한 것을 이긴다 해도 이론과 체험은 다를 수 있다. 내 안에 벽을 치지 않는 사람, 그 두부 장수처럼 후덕하고 매력 있는 사람으로 살아간다면 더 바랄게 없으리라. 한 사회의 필요 없는 여자가 아니라 쓸모 있는 사람으로 살고 싶다.

그 남자는 세상 살아가는 처세법을 알려준 사람이다. 살다 보면 어느 날, 부두장수는 이곳까지 '스피커'소리 울리며 달려오겠다 싶어 기다리는 중이다.

틈새를 보다

돌담은 틈이 있어야 무너지지 않는다고 김○옥 작가가 들려준다. 틈이 없으면 큰 태풍이 올 때 한 번에 무너진다는 뜻이다.

내게 작은 행복을 주는 베란다 끝에 틈새 꽃밭이 있다. 비좁은 공간에 꼭 맞는 화분이 어깨를 나란히 하는 모습 다정하다. 그 안에서라도 초록을 안겨주면 위안이 된다. 화초에게 화분 안의 흙이 생명에 도움 주는 들숨 날숨의 공간이라면 내게는 화분 놓여있는 자리가 숨통 트이는 공간이다.

그럴 리 없겠으나 혹, 내 주변의 좋은 친구를 틈새에 넣어놓고 나 혼자만 꽃밭으로 지켜봤을까 싶기도 하다. 나만의 잣대로 내게 맞게 재단하여 멋대로 가위질한 것은 아닐까 짚어본다. 그를 모란으로 만들어 꽃밭에 가두고 혼자만 감상하였다면 세상 잘못 살아온 것이다. 그 대상을 내 마음에 끼워놓고 구속을 아낌이라 착각했을 수도 있다. 내게는 여유로운 틈세가 타인에게는 피곤한 자리일 수도 있을 테니까.

　영화, 「혼자 사는 사람들」이 있다. 여주인공은 여유 없는 아가씨로 동료들과의 점심 식사조차 거부하는 직장인이다. 하물며 어머니 떠나고 아버지의 일상까지 손전화로 감시한다. 원래 하던 관심을 이어가는지는 모르겠으나 바라보기 불편하다. 냉기가 도는 그녀에게서 따스한 온도라곤 찾아보기 힘들고 다가가기란 더욱 어려운 존재다. 혼자만의 작은 공간에서 누구와도 유대관계없는 '나홀로족'이라고 해야겠다. 하나, 직장생활만은 야무지게 해내는 아가씨다.
　결국 살갑게 다가가던 옆자리의 여자 신입사원은 직장을 떠나고 만다. 그 후에야 무소의 뿔 같은 외로움을 알게 된 아가씨는 상사의 명령으로, 떠난 신입사원과 겨우 통화하기에 이른다. 번거롭다고 여긴 전화가 소통이자 너그러움이라는 점을 뒤늦게 깨달은 것이다.
　베란다 끝의 작은 틈처럼 나도 누군가에게 좁으나마 편안한 초록이기를 바랐겠다. 그러다 만난 영화 속 아가씨다. 돌담에 틈이 있어야 강풍이 빠져나간다 하듯, 넉넉한 자세야말로 무너지지 않는 인간관계이겠다. 알면서도 적응 안 되는 관계를 두고, 그 작가는 말한다. 돌담에 틈이 없으면 담이 아니라 벽이라고. 그야말로 내가 벽이 되지는 않았을까 해서 서둘러 자신을 돌아본다. 괜찮은 사이이기 전에 좋은 사람이고 싶어서이다.
　주인공의 미소가, 여린 제라늄과 '클로즈업' 된다. 아직 향기는 약하지만 세상은 혼자 살 수 없다. 살다 보면 아니라 살아가려면 관계에 너그러움과 꿋꿋해야 한다는 것은 필수다. 그 틈에서 인간미 따스하도록 웃으며 보철니라도 살짝 보이는 편안한 자세로 살고 싶다. 지지 않는 해 백야나 지지 않는 꽃까지는 바라지 않는다. 제라늄 사이에 앉은 초록이라도 내게 휴식을 주니까.

화분에 물을 주며 눈의 피로를 푼다. 사람이 건조해지고 시력 나빠지면 갑자기 성격도 달라진다고 들어온다. 좋은 세상에 살면서 때로는 경계할 때도 있지만 그렇지 않은 사람이 더 많다. 그 점에 대한 '반성과 비판'은 어느 감독이 우리에게 던지는 메시지라고 하였겠다. 그 구절에 밑줄 긋는다.

갑자기 새 한 마리 좁은 틈으로 날아든다. 놀라운 광경이다. 숨죽이고 바라보려니 많지 않은 언어로 '재재'거린다. 발톱을 감추지 않는 작은 철새인가 보다. 나의 자그마한 꽃밭에 관심보이다 날아가 버린다. 틈 안의 세상과 틈 바깥의 세상을 비교하는 새라고 상상해본다. 나를 닮은 새일까 해서 헛웃음을 보낸다.

그 세로의 틈 밖에 놀이터 담장이 있다. 아이들의 정서를 위해 나지막하게 앉혔기에 없는 담의 위를 펼쳐지는 공간으로 인정한다. 놀이터에 일 미터 안되는 벽은 있다. 『도시와 그 불확실한 벽』은 아닐 것이다. 좁거나 낮아도 너그러움이 남아서 좁은 틈새를 보는 계절이 내게는 내내 열린 공간이다. 내겐 여유가 없고 네게는 여유가 있나면 아니 그 전자 후자가 바뀐다 해도 마음먹기에 따라 느낌은 다르겠다.

　다시 좁다란 틈사이로 넓은 바깥을 내다본다. 세발자전거 타고 가는 아이와 쓰레기를 버리는 은빛 머리카락의 바깥노인이 보인다. 놀이터 한 무리 아이들의 재잘거리는 소리도 있다.

　바깥의 소리에 귀 모으려니 사는 날의 단계가 드라마의 순서처럼 나열된다. 대부분 작품의 마지막에 대립은 드물다고 했으리라. 상호작용이 있을 것이라 했겠다. 끝은 논하지 말기로 하자. 끝이자 시작이니까, 돌아보는 자세가 되니까. 틈새를 여유로 알고 다가가는 마음 더 성글어가를 바랄 뿐이다. 바람 앞의 담장은 나의 관심사를 멈추지 못하고 끌어당긴다.

　억지를 배제한 김 강사의 강의는 목젖 보이도록 계속 되고 있다.